本书受到国家自然科学基金项目（71
（ZR2023MG028）、山东省泰山学者山
航空专业实验室强化（学科筑峰）项目资

Risk Preference and
Procurement Management

徐新生 —————— 著

风险偏好与采购管理

经济管理出版社
ECONOMY & MANAGEMENT PUBLISHING HOUSE

图书在版编目（CIP）数据

风险偏好与采购管理 / 徐新生著. -- 北京 : 经济管理出版社，2025. -- ISBN 978-7-5243-0170-7

Ⅰ. F253.2

中国国家版本馆 CIP 数据核字第 2025GB0556 号

组稿编辑：王　洋
责任编辑：王　洋
责任印制：张莉琼
责任校对：蔡晓臻

出版发行：经济管理出版社
（北京市海淀区北蜂窝 8 号中雅大厦 A 座 11 层　100038）
网　　址：www. E-mp. com. cn
电　　话：（010）51915602
印　　刷：唐山玺诚印务有限公司
经　　销：新华书店
开　　本：720mm×1000mm/16
印　　张：10. 75
字　　数：151 千字
版　　次：2025 年 2 月第 1 版　　2025 年 2 月第 1 次印刷
书　　号：ISBN 978-7-5243-0170-7
定　　价：98. 00 元

联系地址：北京市海淀区北蜂窝 8 号中雅大厦 11 层

电话：（010）68022974　　邮编：100038

前　言

随着市场竞争的日益激烈及客户服务水平的逐步提高，现实生活中缺货情形下零售商对顾客的延迟供货现象变得越来越多，如服装、电子、化妆品等产品，尤其在电子商务零售平台中更加普遍。对于零售商来讲，对顾客的延迟供货不仅可以降低零售商的库存增加利润，还可以挽救缺货给其带来的机会损失，也有利于维护与顾客之间的长久合作关系。然而，由于缺货情形下并不是所有的顾客都接受延迟供货且延迟供货往往需要零售商付出一定的代价（如紧急补货所需的采购及运输费用等），如果接受延迟供货顾客的比率比较低或者零售商的紧急补货费用比较高时，零售商仍会遭受一定的损失。同时，过度依赖延迟供货也会对零售商的信誉带来负面效应，从而对零售商的长远利益产生不利的影响。所以，在当前电子商务市场需求复杂多变且行业竞争日益激烈的环境下，研究零售商在延迟供货情形下如何进行合理的采购决策理论和方法，以减少由市场需求的不确定性所带来的风险对于零售商的库存风险管理具有重要的理论意义和实际价值。

针对零售商在延迟供货情形下的风险控制问题，本书利用金融风险管理中的条件风险值（Conditional Value-at-Risk，CVaR）准则对零售商的最优延迟采购问题进行研究。考虑到现实生活中零售商目标的多样性，分别研究当零售商面临三种风险偏好的采购问题，即风险中性（以利润最大化为目标）、风险厌恶（以机会损失最小化为目标）和风险厌恶效用（以损失厌恶效用最大化为目标）时其基于 CVaR 准则的最优采购决策及风险控制问题。通过对上述问题的研究，建立了相应的三个延迟最优订货模型，得到了相应的最优采购策略，并得到了如下结论：第一，以利润最大化为目标的零售商和以损失效用最大化为目标的零售商基于 CVaR 准则的最优采购量分别小于其基于期望利润和期望损失效用最大化的最优采购量，而以机会损失最小化为目标的零售商基于 CVaR 准则的最优采购量可能小于也可能大于其基于期望机会损失最小化的最优采购量。说明对风险的不同态度对具有不同决策目标零售商的最优采购决策会产生不同的影响。第二，当顾客的延迟供货率减小或者零售商的紧急补货费用增加时，上述三种目标下零售商基于 CVaR 准则的最优采购量均增加。说明延迟供货率和紧急补货费用的变化对零售商的最优采购决策会产生一定的影响。第三，当零售商对风险的厌恶程度增大时，以利润最大化为目标的零售商和以损失效用最大化为目标的零售商基于 CVaR 准则的最优采购量将会减少，而以机会损失最小化为目标的零售商基于 CVaR 准则的最优采购量可能增加也可能减小。说明对风险厌恶程度的变化对具有不同决策目标零售商的最优采购决策会产生不同的影响。第四，随着零售商对风险规避程度的增加，零售商的期望利润或期望损失效用将会减少，而其期望机会损失将会增大。说明对于零售商在延迟供货情形下的最优采购决策和风险管理而言，低风险意味着低收益，而高收益伴随着高风险。

在当前商业竞争日益激烈及市场需求复杂多变的形势下，本书的研究结果将为改善或解决零售商在延迟供货情形下的最优采购决策及风险控制问题提供一定的理论基础和管理思路，对现实生活中零售商在商品的采购和库存等环节的风险管理提供相应的建议和指导。

书中出现的符号说明

对于本书所研究的零售商在延迟供货情形下的最优采购决策问题，给出如下假设和符号说明：

ξ：市场随机需求。

$f(\cdot)$：市场随机需求ξ的概率分布函数。

$F(\cdot)$：市场随机需求ξ的累积分布函数。

$P(\cdot)$：零售商的利润函数。

$L(\cdot)$：零售商的机会损失函数。

$U(\cdot)$：零售商的损失厌恶效用函数。

$E(\cdot)$：期望算子。

p：单位商品的零售价。

c：单位商品的批发价。

r：单位商品的处理价。

c_s：单位商品的延迟供货价。

w：缺货情形下商品的延迟供货率。

C_O：零售商的采购过量损失。

C_U：零售商的采购不足损失。

q_1^*：零售商基于期望利润最大化的采购量。

q_1^α：零售商基于 CVaR 利润最大化的采购量。

q_2^*：零售商基于期望机会损失最小化的采购量。

q_2^α：零售商基于 CVaR 机会损失最小化的采购量。

q_3^*：零售商基于损失厌恶效用最大化的采购量。

q_3^α：零售商基于 CVaR 损失厌恶效用最大化的采购量。

目　录

第一章　绪论

一、研究背景

在关于零售商库存管理问题的研究文献中，许多研究者往往假设零售商在销售过程中如果出现库存不足的情形即发生缺货时，顾客会离开该零售商转而寻求其他的购买途径。从而对于该零售商来讲，这些顾客的购买需求全部丢失，因此会给零售商带来利润上的机会损失和难以估计的信誉损失。然而在实际生活中，当缺货发生时，往往并不是所有顾客的需求全部丢失，而是会有一部分忠诚的顾客会等待零售商进行补货，即会出现短缺量延迟供给的情形。即在现实生活中，当库存不足而导致缺货现象发生时，往往出现的结果是一部分顾客的需求丢失，而另一部分顾客的需求则可以通过延迟供给来实现。因此，近年来关于零售商在延迟供货情形下的库存管理和最优采购决策问题的研究引起了广大学者的普遍关注。

进入 21 世纪以来，科技和经济的快速发展促进了产品多样化、信息多元化和购买渠道便捷化等现象的出现，同时也增加了市场竞争的激烈程度和顾客流失的可能性。因此，提高顾客满意度，培养顾客的品牌忠诚度，降低顾客流失率已成为我国销售企业在激烈市场环境中稳步发展的一个重要途径。同时，许多销售企业也更加重视缺货情形下的延迟供给策略对企业本身的潜在收益及品牌形象所产生的巨大影响。因此，通过与顾客直接进行接触，分析顾客的消费偏好，在缺货情形下积极挽留顾客以避免缺货所导致的机会损失和大量顾客流失，成为众多销售企业普遍采取的重要营销方式之一。欧洲 ECR（Efficient Consumer Response）协会相关调查和统计资料显示，在缺货情形下，出于众多原因（如对该品牌的偏爱和考虑到零售商为延迟供给提供的补偿措施等）的考虑，许多忠诚的顾客会选择接受零售商提出的延迟供货的请求。根据该组织的一项关于包括全球 29 个国家的超过 71000 名顾客的调查结果发现，在某类商品的销售过程中，在缺货情形下，大约有 15%的顾客会选择接受零售商提出的延迟供货的请求（Corsten 和 Gruen，2004）。显然，对于零售商来讲，缺货情形下对顾客的延迟供货可以挽救部分缺货给其带来的利润上的机会损失，也有利于提升其本身的顾客服务水平，从而进一步维护其与顾客之间的长久合作关系。因此，当缺货发生时，许多零售商往往会想尽一切办法（如提供众多补偿和优惠措施）来鼓励顾客接受延迟供货。Eric 等（2006）的研究结果发现，在缺货情形下，零售商经常采用价格折扣等措施来激励顾客接受延迟供货，并且取得了很好的效果。近年来，随着全球物流业（尤其是各类快递业务）的迅猛发展，零售商为延迟供货而追加采购的货物往往能迅速从供应商处运送到零售商手上，这极大地缩短了接受延迟供货顾客的等待时间，从而使延迟供货在现实生活中变得更加容易实现和接受，也越来越普遍。然而，虽然延迟供货可以弥补零售商的缺货所带来的相关损失，但是延迟供货也会带来相应的成本，如紧急补货所需要的采购费用和运输费用、零售商为延迟供货提供的顾客补偿费用等，所以如果零售商过度依赖延迟供货而忽略了对商品的预订及库存也是不合理的。因此，在延迟供货情形下零售商如何确定其最优采购量来协调采购过量和采购不足的矛盾对于零售商的库存管理具有重要的意义。

众所周知，市场需求的不确定性往往会给零售商的采购决策和库存管理带来巨大的风险。一方面，如果商品的市场实际需求量远小于零售商的实际采购量，则会导致该商品大量滞销，从而给零售商造成一定的损失。另一方面，如果商品的市场实际需求量远大于零售商的采购量而导致库存不足时，会给零售商带来相应的机会损失并对零售商的信誉造成不好的影响。如上所述，尽管在缺货情形下零售商对顾客的延迟供货可以挽救缺货给其带来的部分机会损失，但是往往并不是所有的顾客都接受延迟供货且延迟供货往往需要零售商付出一定的成本和代价，因此在延迟供货率比较低或者延迟供货费用比较高的情形下，零售商仍要承担一定的损失。同时，过度依赖延迟供货会对零售商的服务水平和信誉带来负面效应，从而对零售商的长远利益产生不利的影响。所以，面对市场需求的不确定性，零售商如果采购过多或者过度依赖延迟供货从而采购过少都会给自己带来一定的风险。因此，在当前市场需求复杂多变及市场竞争日益激烈的环境下，零售商在延迟供货情形下如何进行合理的采购决策以减少由市场需求不确定性所带来的风险对于零售商的库存管理具有重要的现实意义。然而，现有关于零售商在延迟供货情形下的研究主要集中在当零售商以期望利润最大化或期望损失最小化为目标时的最优采购问题的研究，而关于该问题中所涉及的风险控制及管理问题的研究则非常少。

近年来，针对现实生活中零售商在库存管理及采购决策中的风险控制问题，人们采用了各种各样的风险度量准则（如均值—方差准则）对其进行了深入的研究。但是，这些风险控制准则本身往往具有一定的缺陷或者局限性，如均值—方差准则将高于期望收益（或低于期望损失）的那部分对于零售商有益的变化也归入风险的范畴，这显然是不符合现实生活中人们对于风险概念的定义和理解。所以，许多学者一直在寻求更加合适的风险度量准则和方法来解决上述风险控制及管理问题。近年来，金融风险管理中的条件风险值（Conditional Value-at-Risk，CVaR）准则以其良好的性质及在金融风险控制中所取得的良好效果被逐渐应用到对供应链风险管理问题的研究中并取得了一系列有效的结论。该准则是一种下行风险控制准则，主要研究面对众多因素不确定的决策问题时，当决策者的损失超过（利润低于）某一给定目标值时其损失（利润）平均值的最小化（最大化）的问题，而对损失低于（利润超过）该目标值的部分不予考虑，因此它更加符合人们对于风险范畴的理解，也更能体现决策者所面临的风险水平。目前，该准则已经被广泛应用到对金融行业的风险控制与管理问题的理论研究与实际应用中，并被推广到现实生活中其他领域风险控制问题的研究中。相关研究结果表明该风险度量准则对于解决现实生活中决策者的风险控制问题具有显著的意义。因此，利用该准则来研究零售商在延迟供货情形下的风险控制和管理问题对于零售商的风险管理具有一定的理论和实践意义。

二、研究问题、内容和意义

（一）研究问题

在现实生活中，在商品的销售期到来之前，许多零售商一般会对商品进行预订从而保持一定的库存，其目的是在销售期间及时满足顾客的需要。由于对商品的预订和库存往往会耗费一定的人力和物力，同时它又是零售商进行正常经营活动所必需的条件之一，所以给出合理的采购量以控制企业的库存成本成为零售商在经营过程中需要面临的一个重要问题。众所周知，现实生活中某些商品的市场需求是复杂多变和难以确定的，所以零售商如何确定自己的最优采购量以避免或减少由采购不足或者采购过量所造成的损失对于零售商的日常经营具有重要的意义。比如，由于新的竞争对手的加入或者具有类似功能的新产品上市等原因，市场对某类商品的实际需求可能会急剧减少，从而造成零售商的实际采购量可能会大于该商品的实际需求，从而造成零售商的库存过剩而带来一定的损失。同样，由于某些突发状况的发生，市场对某类商品的需求可能会短时间内急剧增加，从而造成零售商对该类商品的采购不足并导致缺货情形的发生，从而给零售商带来一定的机会损失。比如，急性流感的发生会造成人们对医用口罩的需求短时间内大量增加，从而造成相关零售商对医用口罩的采购不足而造成相应的机会损失。如上所述，因为由采购不足而导致的缺货给零售商带来的损失是非常大的，所以许多零售商在缺货现象发生时，往往会采取一定的补救措施（如从原供应商或者其他的外部供应商处对该商品进行紧急补货）并通过延迟供货来挽救众多顾客在该情形下的需求。然而，如果零售商过度依赖延迟供货而忽略了对商品的采购及库存，也会给自己带来一定的风险。比如，如果缺货情形下顾客接受延迟供货的比率非常低或者零售商的紧急补货费用比较高，则零售商仍要遭受一定的损失。因此，本书将针对零售商在延迟供货情形下如何确定其最优采购量以减少其所面临的潜在风险问题进行研究，对零售商在该情形下的最优采购决策提供相应的管理建议。考虑到现实生活中零售商决策目标的多样性，分别研究当零售商以利润最大化、机会损失最小化和损失厌恶效用最大化为目标的最优采购决策问题。

本书考虑的零售商在延迟供货情形下的采购及延迟供货流程如下：首先，零售商以某一批发价从供应商处采购一定数量的商品，供应商在销售期到来之前将这些商品交付给零售商。其次，在销售期间，零售商将商品以某一零售价销售给顾客，如果零售商所采购的商品大于市场的实际需求量，则零售商以一定的处理价（低于批发价）将销售剩余商品进行处理；如果零售商所采购的商品小于市场的实际需求量，即出现了供不应求的情形，则零售商针对接受延迟供货的顾客进行紧急补货，此时零售商将向原供应商（或其他外部供应商）提出补货要求并由该供应商进行补货。最后，供应商将零售商紧急采购的商品交付给零售商，并由零售商交付给相应的顾客。在该流程中，延迟供货策略虽然可以减少零售商由于采购不足所造成的部分机会损失，但是在某些情形下，如在延迟供货比率比较低或者紧急补货费用比较高的情形下，零售商的采购决策仍要承担一定的风险。

（二）研究内容和意义

针对延迟供货情形下零售商的风险控制问题，本书对零售商基于 CVaR 准则的最优采购决策问题进行研究，以实现其对由市场需求不确定性所带来的风险进行有效控制的目的。考虑到现实生活中零售商决策目标的多样化，分别研究以利润最大化为目标、以机会损失最小化为目标和以损失效用最大化为目标的零售商的最优采购决策问题，并讨论所给出的最优采购策略对零售商的预期目标产生的影响。具体研究内容如下：

（1）以利润最大化为目标的零售商在延迟供货情形下的最优采购决策问题。在关于零售商面对随机市场需求的最优采购问题的研究中，许多研究者往往把利润最大化作为零售商的决策目标，且现实生活中许多零售商也确实以利润最大化作为其确定最优采购量的准则。因此，对于延迟供货的情形，研究以利润最大化为目标的零售商分别以期望利润最大化和 CVaR 利润最大化为决策目标时的最优采购决策，获得上述两种情形下的最优采购决策公式并分析两者之间及其与现有结果之间的关系；分析商品的零售价、批发价、处理价、延迟供货价、延迟供货率和零售商的置信水平的变化对上述最优采购策略产生的影响；研究上述最优采购策略的变化对零售商期望利润产生的影响。对于上述问题的研究将为零售商在延迟供货情形下以利润最大化为目标时的最优采购决策提供管理建议，对于零售商在该情形下的风险控制问题提供相应的指导。

（2）以机会损失最小化为目标的零售商在延迟供货情形下的最优采购决策问题。现实生活中许多零售商也会以机会损失最小化作为其确定最优采购量的准则，但是关于零售商在延迟供货情形下基于该准则的最优采购决策问题的研究则非常少。因此，对于延迟供货的情形，研究以机会损失最小化为目标的零售商分别以期望机会损失最小化和 CVaR 机会损失最小化为决策目标时的最优采购决策，获得上述两种情形下的最优采购决策公式并分析两者之间及其与现有结果之间的关系；分析商品的零售价、批发价、处理价、延迟供货价、延迟交货率和零售商的置信水平的变化对上述最优采购策略产生的影响；研究上述最优采购策略的变化对零售商的期望机会损失和期望利润产生的影响。对于上述问题的研究将为零售商在延迟供货情形下以机会损失最小化为目标时的最优采购决策提供管理建议，对于零售商在该情形下的风险控制问题提供相应的指导。

（3）以损失厌恶效用最大化为目标的零售商在延迟供货情形下的最优采购决策问题。损失厌恶作为 Kahneman 和 Tversky（1979）提出的前景理论的重要研究内容之一，近年来被广泛应用到社会生活中的各个领域。如 Schweitzer 和 Cachon（2000）、Wang 和 Webster（2009）曾将损失厌恶理论应用到对报童模型的研究中并取得了许多有效的结论。然而，目前关于损失厌恶零售商在延迟供货情形下的最优采购决策问题的研究尚未出现。因此，对于延迟供货的情形，研究以损失厌恶效用最大化为目标的零售商分别以期望效用最大化和 CVaR 效用最大化为决策目标时的最优采购决策，获得上述两种情形下的最优采购决策公式并分析两者之间及其与现有结果之间的关系；分析商品的零售价、批发价、处理价、延迟供货价、延迟供货率和零售商的置信水平的变化对上述最优采购策略产生的影响；研究上述最优采购策略的变化对零售商期望效用产生的影响。对于上述问题的研究将为零售商在延迟供货情形下以损失厌恶效用最大化为目标时的最优采购决策提供管理建议，对于损失厌恶零售商在该情形下的风险控制问题提供相应的指导。

本书的研究将对于零售商在随机市场需求下的风险管理及最优采购决策

提供一定的理论指导和管理建议。从理论意义来讲，本书的研究内容通过建立相应的模型，对随机市场需求下零售商在延迟供货情形下的最优采购决策进行研究，分别得到具有不同决策目标的零售商的最优采购策略并分析该最优采购策略的相关性质及其对零售商预期目标的影响，完善对零售商在随机市场需求下的风险管理及最优采购决策问题的研究。从实际应用来讲，本书的研究结果为现实生活中可延迟供货情形下零售商如何制定其采购策略以规避潜在的风险提供管理建议。例如，对于处理供应链中关于产品的采购、库存和生产等环节的风险控制问题具有很大的帮助。在当前商业竞争日益激烈及市场需求复杂多变的形势下，本书的研究结果将为改善或解决零售商在延迟供货情形下的风险控制问题提供一定的理论基础和管理思路，对现实生活中零售商在延迟供货情形下的商品采购和库存等环节的风险管理提供相应的建议和指导。

三、条件风险值准则（CVaR）的相关知识介绍

条件风险值准则是近年来在金融风险管理中得到广泛应用的风险度量工具之一，它是基于传统的风险值（Value-at-Risk，VaR）准则提出的。VaR 考虑的是决策者在给定置信水平 $\alpha(\alpha\in[0,1])$ 下所要承担的最小损失。具体来说，对于决策者面对的随机变量 η，假设其选择决策 x 时所面临的损失为 $L(x,\eta)$，则该决策者关于损失 $L(x,\eta)$ 的 VaR 为：

$$VaR_\alpha[L(x,\eta)]=\inf\{\theta\mid\Pr(L(x,\eta)\leqslant\theta)\geqslant\alpha\}$$

其中，$\Pr(L(x,\eta)\leqslant\theta)$ 表示损失 $L(x,\eta)$ 不超过 θ 的概率。$VaR_\alpha[L(x,\eta)]$

给出了决策者在置信水平 α 下所需要承担的最小损失。人们可以通过最小化上述 VaR 目标 $VaR_\alpha[L(x, \eta)]$ 来获得在置信水平 α 下使决策者损失最小化的最优决策。然而，近年来的许多研究结果发现 VaR 准则存在许多缺陷，如不满足次可加性且不便于计算，从而使其在实际问题中的应用受到了一定的局限。随后，Rockafellar 和 Uryasev（2000）在 VaR 准则的基础上引入了一种新的风险度量准则——CVaR，即条件风险值准则。该准则以上述 VaR 目标 $VaR_\alpha[L(x, \eta)]$ 作为决策者的目标损失，给出了当决策者的损失高于该目标值时的平均值，即

$$CVaR_\alpha[L(x, \eta)] = E[L(x, \eta) \mid L(x, \eta) \geqslant VaR_\alpha[L(x, \eta)]]$$

其中，E 为期望算子。显然，CVaR 准则忽略了决策者的损失低于目标值 $VaR_\alpha[L(x, \eta)]$ 的部分，而主要考虑损失高于目标值 $VaR_\alpha[L(x, \eta)]$ 部分的期望值，这更加符合人们对于风险范畴的定义和理解。通过最小化上述 CVaR 目标 $CVaR_\alpha[L(x, \eta)]$，决策者可以有效地规避决策过程中存在的潜在风险。同时，CVaR 具有许多良好的性质，且便于计算。如 Rockafellar 和 Uryasev（2000）引入了如下的辅助函数：

$$F(x, \eta) = v + \frac{1}{1-\alpha} E[L(x, \eta) - v]^+$$

并证明了如下结论：

$$CVaR_\alpha[L(x, \eta)] = \min F(x, \eta) = \min\left[v + \frac{1}{1-\alpha} E[L(x, \eta) - v]^+\right]$$

从而将 CVaR 目标最小化的问题转化为一极值问题来求解。

在关于现实生活中风险控制问题的相关研究中，均值方差准则和 VaR 准则是许多研究者常常选择的两种度量风险准则。然而这两种风险度量准则也存在一定的缺陷，如均值方差准则将利润高于期望值或损失低于期望值的部

分也归入风险的范畴，这显然是不符合人们对于风险的定义和理解的。而VaR 准则虽然不存在上述问题，但是该准则具有许多不好的性质，如该准则不满足次可加性和凸性，从而限制了该准则的应用。由此人们在 VaR 准则的基础上提出了 CVaR 准则，同时证明了该准则满足许多良好的性质。由于CVaR 准则在金融风险管理中的成功应用，证明了该准则对于不确定情形下的风险管理和决策具有重要的作用和意义，该准则已被推广到其他领域的理论研究和实际应用中，如供应链风险管理等。因此，本书拟应用该准则对零售商在延迟供货情形下的风险控制和最优采购决策问题进行研究，以实现零售商对采购过程中由于市场需求不确定性所带来的风险进行有效控制的目的。

四、主要成果和创新点

本书针对零售商在延迟供货情形下的风险控制和最优采购决策问题进行研究，不仅具有重要的理论意义，也具有坚实的应用前景。一方面，现有文献中关于延迟供货情形下零售商的最优采购决策问题的相关研究还不是很多，而关于零售商在该情形下的风险控制问题的研究结果则几乎没有。在当前市场竞争日益激烈及市场需求复杂多变的环境下，该研究对于零售商在延迟供货情形下的风险管理具有重要的意义。另一方面，本书利用在金融风险管理中得到广泛应用的 CVaR 准则对具有不同决策目标的零售商的风险控制策略进行研究，为零售商在延迟供货情形下的最优采购问题引入了新的风险度量准则，完善了当前关于零售商在延迟供货情形下的最优采购决策和风险管理问题的研究。本书的主要创新之处如下：

第一，对于以利润最大化为目标的零售商，分别建立了延迟供货情形下基于期望利润最大化和 CVaR 利润最大化的最优采购决策模型，得到了最优采购解析表达式，分析了最优采购策略与相关风险因素之间的内在联系。研究结果表明零售商基于 CVaR 利润最大化的最优采购量要小于其基于期望利润最大化的采购量，且随着置信水平的增加即零售商对风险厌恶程度的增大，该采购量越小；明晰了上述最优采购量关于相关决策因素（如商品的批发价格和延迟供货率等）的变化情况；证明了零售商在 CVaR 利润最大化最优采购量下的期望利润将随着零售商对风险厌恶水平的增加而减小，即验证了对于零售商的风险决策而言，低风险意味着低利润，而高利润伴随着高风险。

第二，对于以机会损失最小化为目标的零售商，分别建立了延迟供货情形下其基于期望机会损失最小化和 CVaR 机会损失最小化的最优采购决策模型，并得到了最优采购解析表达式，分析了最优采购策略与相关风险因素之间的关系。研究结果表明零售商基于 CVaR 机会损失最小化的最优采购量可能小于也可能大于其基于期望机会损失最小化的最优采购量，且随着置信水平的增加即零售商对风险厌恶程度的增大，该采购量可能变小也可能变大，并获得了上述最优采购量关于相关决策因素（如商品的批发价格和延迟供货率等）的变化情况；证明了零售商在 CVaR 机会损失最小化的最优采购量下的期望机会损失将随着零售商对风险厌恶水平的增加而增大，即对于零售商的风险决策而言，低风险意味着高的机会损失，而低的机会损失伴随着高风险。同时，研究结果也证明了零售商在 CVaR 机会损失最小化的最优采购量下的期望利润将随着零售商对风险厌恶水平的增加而减小，这同样验证了对于零售商的风险决策而言，低风险意味着低利润，而高利润伴随着高风险。

第三，对于以损失厌恶效用最大化为目标的零售商，建立了延迟供货情形下其基于期望损失厌恶效用最大化和 CVaR 损失厌恶效用最大化的最优采购决策模型，并得到了最优采购解析表达式，分析了上述最优采购决策与相关风险因素之间的关系。研究结果表明零售商基于 CVaR 损失厌恶效用最大化的最优采购量要小于其基于期望损失厌恶效用最大化的最优采购量，且随着置信水平的增加即零售商对风险厌恶程度的增大，该采购量越小，同时验证了随着零售商的风险厌恶系数的增加即零售商对损失厌恶程度的增大，该采购量越小；研究了上述最优采购量关于相关决策因素（如商品的批发价格和延迟供货率等）的变化情况；证明了损失厌恶零售商在 CVaR 损失厌恶效用最大化的最优采购量下的期望损失厌恶效用将随着零售商对风险厌恶水平的增加而减小，即对于零售商的风险决策而言，低风险意味着低效用，而高效用伴随着高风险。

总之，针对延迟供货情形下零售商的风险控制问题，本书结合 CVaR 准则分别给出了以利润最大化为目标、以机会损失最小化为目标和以损失厌恶效用最大化为目标的零售商的最优采购策略；分析了上述最优采购策略对零售商期望目标产生的影响，为现实生活中零售商在延迟供货情形下的风险管理提供了一定的管理见解。

五、本书结构安排

基于上述研究内容，本书的结构安排如下：

第一章主要阐述了本书的研究背景、研究问题和内容、研究意义和主要创新之处等。

第二章主要对供应链中零售商在延迟供货情形下的最优采购决策问题的相关研究和 CVaR 准则在风险厌恶零售商的最优采购决策中的应用研究等相关理论进行了回顾和归纳。分析并指出了上述问题中尚未涉及和需要进一步深入研究的内容。

第三章研究了以利润最大化为目标的零售商在延迟供货情形下的最优采购决策问题。分别讨论了零售商基于期望利润最大化和 CVaR 利润最大化的最优采购策略。分析了上述最优采购策略的若干性质及其关于相关决策因素的变化情况，并将所得到的结果和现有结论进行了比较。研究了零售商在 CVaR 利润最大化的最优采购量下所对应的期望利润关于其对风险厌恶程度的变化情况。结合具体的案例对所得到的结果进行了分析和讨论。

第四章研究了以机会损失最小化为目标的零售商在延迟供货情形下的最优采购决策问题。分别讨论了零售商基于期望机会损失最小化和 CVaR 机会损失最小化的最优采购策略。分析了上述最优采购策略的若干性质及其关于相关决策因素的变化情况，并将所得到的结果和现有结论进行了比较。研究了零售商在 CVaR 机会损失最小化的最优采购量下所对应的期望机会损失和期望利润关于其对风险厌恶程度的变化情况。结合具体的案例对所得到的结果进行了分析和讨论。

第五章研究了以损失厌恶效用最大化为目标的零售商在延迟供货情形下的最优采购决策问题。分别讨论了零售商基于期望损失厌恶效用最大化和 CVaR 损失厌恶效用最大化的最优采购策略。分析了上述最优采购策略的若干性质及其关于相关决策因素的变化情况，并将所得到的结果和现有结论进行了比较和分析。研究了零售商在 CVaR 损失厌恶效用最大化的最优采购量下所对应的期望效用关于其对风险厌恶程度的变化情况。结合具体的案例对所得到的结果进行了分析和讨论。

第六章主要包括本书的研究结论总结、理论贡献与管理见解和未来研究展望等内容。

第二章　文献综述

我们分别就目前供应链中零售商在延迟供货情形下的最优采购决策问题的相关研究和 CVaR 准则在风险厌恶零售商的最优采购决策中的相关研究进行综述。

一、零售商在延迟供货情形下的最优采购决策研究

关于零售商在延迟供货情形下的最优决策的相关研究最早出现在 20 世纪 70 年代。进入 21 世纪以来，随着全球物流业的迅猛发展及零售业顾客服务水平的逐步提高，零售商为延迟供货而进行的紧急补货所需的时间大幅缩短。同时，为了挽救由于缺货所带来的机会损失，零售商往往采取各种补偿措施鼓励顾客在缺货情形下接受其提出的延迟供货的请求，这使零售商在缺货情形下对于顾客的延迟供货在现实生活中变得更加容易实现，也越来越普

遍。因此，近年来关于零售商在延迟供货情形下的最优决策的相关研究也越来越多，同时关于该问题的研究结果也频繁发表在 *Management Science* 和 *Operations Research* 等管理学国际权威期刊上。目前，关于该问题的研究主要集中在以下四个方面：

（一）延迟供货率为固定值时零售商的最优采购决策

20 世纪 70 年代，人们首次对零售商在延迟供货情形下的最优采购决策问题进行了研究。此时的研究主要讨论最简单的情形，即延迟供货比率为某一固定值的情形。

Montgomery 等（1973）首次提出了可部分延迟供货的库存模型并对其进行了研究。该文献假设当缺货发生时，仅有一定比例的需求可以实现延迟供货。

通过建立数学模型来研究零售商在该情形下的最优采购策略并给出了其最优解。同时验证了传统的全部延迟供货和全部缺货丢失的情形为该模型的特殊情形。Park（1982）、Padmanabhan 和 Vrat（1990）也对上述可部分延迟供货的库存模型进行了相关研究。Ben 和 Rauof（1994）研究了当延迟供货率由补货时间决定且同时把补货时间看作变量时，零售商的最优采购决策问题。建立了相应的模型并通过例子给出了该模型的最优解。上述文献都针对延迟供货率为常数时的情形进行研究。

Ouyang 等（1996）研究了缺货情形下一部分需求实现延迟供货而另一部分需求丢失且给予一定缺货惩罚时零售商的最优采购策略。相反，Zhou 和 Li（2007）研究了缺货情形下当所有不能满足的需求可以全部延迟供货时，零售商与供应商之间关于定购量和定价决策的一种协调模型。分别研究了零售商和供应商的最优采购及定价决策问题，并讨论了两者目标最优与整个供应链目标最优之间的关系。进一步地，Zhou 和 Wang（2009）对 Zhou 和 Li（2007）研究的模型进行了扩展，讨论了缺货情形下顾客的需求只能部分延迟供货时，零售商与供应商之间关于定购量和定价的联合决策问题。而唐巧文和杨志林（2014）假定需求依赖当前库存且缺货情形下允许部分短缺延迟供给，建立了一个由供应商和零售商所构成的库存决策模型。通过模型的分析和求解寻求最优的补货策略，使库存系统平均总利润达到最大，最后通过数值算例和灵敏度分析说明了该模型的可行性。

莫降涛等（2007）建立了易腐性物品延迟供给的 EOQ 模型，其中销售率是库存水平和理论需求率的函数，允许缺货且短缺部分延迟供给，证明了模型的最优补货策略是存在且唯一的并给出了求解方法。而张义刚和唐小我（2010）研究了允许延迟供给的情况下零售商的最优订货策略，并在 EOQ 框架下建立了其数学模型，给出了通过图解法来确定最优订货策略的步骤。廖成林和李晨（2008）针对易逝品的延迟供给问题构建了 EOQ 模型，评估了延迟交货策略对零售商库存成本的影响，结果证明针对有较小变质速率的易逝品，采用延迟交货策略将拥有一个比独立系统小的单位总成本。罗兵等（2011）对重庆市某大型农产品批发市场订货和销售情况进行了调查，建立了一个价格增长和短缺量延迟供给的经济订货批量模型，并用实际数据对模型进行了测算。王晶晶（2012）构造了一个与商品销售价格和顾客等待时间均相关的短缺延迟供给分数，建立了一种基于存货影响销售和顾客等待行为的一般性特价商品 EOQ 模型，从理论上分析了模型唯一最优解存在的条件，解释了相关的经济管理含义。研究结果显示：特价商品销售价格和期初库存量均存在一定的合理区间，当销售价与采购价之差大于保管成本与存货影响销售因子之比时，分销商获得最大平均利润，商品销售价格和价格敏感因子对分销商订货策略和利润有较大影响。上述文献结合 EOQ 模型对零售商在延迟供货情形下的最优采购决策问题，并给出了相应的最优采购策略。

王圣东（2007）将备运期和折扣率作为决策变量，建立了折扣支付部分延迟供给的易变质物品的经济批量模型，给出了寻求最优备运期、最优折扣率及最优采购周期的简单方法，并给出了参数的灵敏度分析和应用实例。袁开福和高阳（2010，2011）对存在旧产品处置和采用延迟供货策略的混合系统库存决策问题进行研究，假设顾客的需求恒定且由服务性产品来满足，允许缺货且缺货全部延迟供给，利用（P，1）策略构建库存决策模型，给出了模型的求解方法。胡幼华和潘荫荣（2004）基于离散事件系统仿真原理，建立了有限期延迟交货的随机性库存系统的仿真模型，用计算机仿真的方法为物流管理选定最佳库存策略。邵良峰（2008）建立了有限计划时间及线性时变需求下，部分短缺量延迟供给的易变质物品双货栈库存模型，该模型假定缺货量部分延迟供给，且短缺期间损失率与实际缺货量成正比，提出了寻求最优周期数、最优采购时刻及已有仓库和租借仓库库存降为零时刻的分析方法。

刘斌和崔文田（2009）研究了当缺货损失高于补货成本时易逝品的供应链契约。证明了由于缺货损失高于补货成本，当订货不能满足需求时制造商快速供货的生产模式满足缺货的成本最小化订货策略比允许缺货的订货策略使供应链整体业绩更优。研究了制造商与零售商之间订货、补充订货与退货契约，发现存在合理的契约能协调零售商和制造商的行为以实现供应链整体成本最优。陈六新等（2008）建立了以需求率、生产率和产品损耗率为常数，允许缺货但缺货部分延迟供给的生产库存模型，给出了寻求最优解的方法和解的唯一性的证明，并分析了主要参数变化对平均利润和服务率的影响。进一步地，陈六新（2010）研究了允许缺货且缺货部分延迟供给的易腐品生产库存策略，从多个方面建立了时变需求延迟供给的生产库存模型。上述文献研究了零售商关于易腐品的延迟供货策略。

上述文献主要对延迟供货率为一固定值时零售商的最优采购决策问题进行了研究，得到了零售商在该情形下的若干采购及补货策略。这是延迟供货情形中最简单的一种。

（二）延迟供货率受等待时间影响时零售商的最优采购决策

由于顾客是否接受延迟供货与其等待补货时间密切相关，如果等待补货时间比较短，则往往会有更多的顾客接受延迟供货。反之，如果等待补货时间比较长，则接受延迟供货顾客就会减少。所以关于延迟供货率受顾客等待补货时间影响情形下零售商的最优采购决策问题的研究引起了许多学者的广泛关注。

Lee 和 Lodree（2010）结合效用理论对愿意接受延迟供货的顾客进行分类，研究了当延迟供货率受顾客等待补货时间影响时零售商对于不同类型顾客的补货策略。李宇雨（2007）针对不同需求特性和短缺量延迟供货情况，分别对单级库存和供应商管理库存问题进行了研究，考虑订货商短缺量延迟供给程度与顾客等待时间呈负线性相关关系，建立了供应商一个生产批量可满足订货商多次订货的 VMI 模型，并给出了求解方法。Zhou 等（2004）研究了延迟供货率同时受到顾客等待补货时间影响且补货费用受到补货量影响时零售商的最优采购及补货策略问题。建立了相应的模型并给出了模型的最优解，同时分析了该最优解的相关性质。通过相关的数值和灵敏度分析验证了该模型的有效性。San 等（2005）研究了延迟交货率为顾客等待交货时间的连续非增加函数且考虑缺货损失时，零售商的最优采购量并讨论了该最优采购量与相关因素之间的关系。该文同时考虑了延迟供货部分需求所造成的损失主要包括三部分，即延迟供货费用、机会损失和顾客良好意愿的损失。

相关文献研究了当顾客等待补货时间服从一定的概率分布时，零售商的最优采购及补货问题。如 Ouyang 和 Chuang（2001）也针对上述延迟供货问题中零售商的最优采购策略进行了研究。分别提出了当顾客等待时间服从正态分布和等待时间所服从分布的概率密度函数为已知情形下的两种模型，并分别给出了两种模型的最优解。Wu 和 Tsai（2001）研究了缺货情形下顾客的需求一部分丢失而另一部分可以延迟供货且顾客可接受的等待补货时间服从一系列正态分布时，零售商的最优补货策略。建立了相应的模型并给出了求解最优采购量和补货时间的相应算法并给出了相应的灵敏度分析。Anderson 和 Adiel（2012）假设延迟供货率是顾客等待补货时间的指数函数，提出了报童模型的一种多属性效用模型来研究零售商的最优采购决策问题。分别研究了该最优采购策略对顾客服务水平和销售剩余产品回收环境的影响问题。张仁萍（2008）假定库存系统允许缺货，短缺量完全延迟供给，进一步地考虑短缺量滞后供给分数与企业服务水平和顾客等待时间均相关，建立了相应的库存控制模型。研究结果表明当短缺量延迟供给系数较大时，企业应提高服务水平，降低库存总成本。另外，单位丢单成本对库存总成本影响很大，在制定库存控制策略时需重点考虑这一参数。何荣福等（2011）研究了需求率为随机波动函数且依赖于产品销售价格，允许缺货且缺货部分延迟供给时零售商的最优采购策略，建立了相应的库存模型并利用连续函数性质和泰勒展开分析了易变质产品最优采购策略的求解方法，得到了问题的近似最优解。

有的文献研究了延迟供货率为等待时间的减函数情形下零售商的最优补货问题。如莫降涛等（2008）假设缺货情形下的延迟供给率是顾客等待时间的减函数条件下，利用折现现金流法建立了一种新的变质性产品库存模型，给出了寻找该模型最优采购策略的算法，并用数值例子验证了新模型的有效性。兰德新和赵萌（2014）研究了允许缺货且延迟供给率为顾客等待时间的函数情况下，易变质产品的最优采购策略。利用最小二乘法原理和泰勒展开分析了易变质产品最优策略的算法，并给出了算例进行仿真。李宇雨等（2007）基于延迟供货率与顾客等待时间负相关的前提，提出了供应商生产批量用于满足订货商多次订货需求的 VMI 模型。研究结果表明当短缺量延迟供货率较大时，零售商应提高服务水平，缩短订货周期。杨桢（2009）考虑缺货情形下延迟供货比率与顾客相对等待时间相关，建立了一种采购价格均匀上涨的库存模型，运用重庆某家乐福超市的实际数据对模型进行测算和敏感性分析。研究结果表明，初始采购价和短缺滞后供给因子对经销商最优采购次数和库存总成本影响较大，在制定订货策略时，需重点考虑这两个因素。Lee（2005）进一步研究了当延迟供货率为可控变量且主要受顾客等待补货时间影响时，如何确定零售商的最优采购策略的模型并给出了相应的求解算法。该文假设补货时间服从一系列的正态分布从而建立了相应的模型并利用大中取小的自由分配程序得到了该模型的最优解。Papachristos 和 Skouri（2000，2003）研究了当市场需求为零售价格的单调减函数且延迟供货率为等待时间的单调减函数时零售商的最优补货决策问题，建立了相应的模型并给出了其最优解。并将所得到的结果同已有结果进行了比较和分析。

上述文献主要对延迟供货率受顾客等待补货时间影响时零售商的最优采购决策问题进行了研究，通过建立相应的模型得到了零售商在该情形下的若干采购及补货策略。

（三）零售商为延迟供货提供各种补偿措施时的最优采购决策

零售商为接受延迟供货的顾客提供各种补偿措施的情形下，其利润最大化或成本最小化问题的最优采购决策的相关研究也得到了广泛关注。除等待补货时间等因素外，顾客是否接受延迟供货与零售商为顾客接受延迟供货提供的各种补偿措施（如价格折扣的额度）之间有一定联系。例如，如果零售商为延迟供货的商品给出的价格折扣比较大，则往往会有更多的顾客接受延迟供货，但是零售商的补货成本也随之增加。所以关于零售商为延迟供货提供各种补偿措施情形下其最优采购决策问题的研究也引起了广大学者的关注。

若干文献研究了当零售商为接受延迟供货的顾客提供一定的价格折扣时该零售商的最优采购及补货策略。如 Ananth 等（2003）研究了当零售商为延迟供货的商品提供一定的补偿费用时，如何确定其最优采购及补货策略的问题，并建立了相应的模型求解该问题。研究结果表明延迟供货量与延迟供货成本之间存在一定的关系，并给出了许多管理建议。Pan 等（2004）针对延迟供货率同时受顾客等待补货时间及价格折扣影响时零售商如何确定最优采购及补货策略的问题进行了研究，建立了该情形下两种不同的决策模型并通过具体的数值例子展示了所给出的模型最优解的求解方法。Pando 等（2013）研究了当商品的市场需求服从指数分布且延迟供货率受价格折扣影响时，零售商的最优采购决策问题及期望利润最大化问题。给出了上述问题的最优解并进行了相关的灵敏度分析，同时讨论了延迟交货率服从某些特定函数情形下零售商的最优采购量的性质并给出了相应的数值例子。皮星等（2010）基于短缺量延迟供给率与零售商给予顾客的价格折扣为正线性相关的关系，提出了一种需求指数时变的变质物品供应商管理库存模型，研究了该供应链的最优采购策略。王友奎和林勇（2007）研究了基于提前期和价格折扣的延迟供给和库存策略，其中的价格折扣是基于提前期的价格折扣，愿意等待延迟供货的比率跟提前期成反比关系且提前期的各部分都可以通过增加成本来实现压缩。

有的文献则研究了零售商需要付出一定的延迟供货费用时其最优采购及补货决策问题。如 San 等（2006）研究了延迟供货率服从指数分布时零售商的最优采购策略，该文假设零售商的成本由采购成本、持有成本、延迟供货成本和缺货成本构成。给出了零售商在该情形下的最优采购策略并通过数值例子验证了文章所得到的结果。Lodree 等（2008）研究了报童模型中当所有的未能满足的需求可以全部延迟供货且延迟供货费用主要包括紧急补货所需采购费用和顾客等待费用时，零售商的最优采购及补货策略问题。通过相应的数值例子和灵敏度分析验证了所得到的结论。Federgruen 和 Yang（2014）建立了当考虑延迟供货费用时零售商的一种最优采购及补货决策模型，并证明了该模型最优解的存在性及其若干性质。最后在给定的假设条件下，给出了该模型的最优解的求解方法并验证了所得到的最优解的有效性。邱晗光（2009）讨论了部分短缺量延迟供货的影响因素及形式，并从库存控制策略、提前期压缩策略以及价格折扣策略三个方面探究我国零售企业在库存决策中如何充分利用部分短缺量延迟供货现象来实现降低顾客流失率和最优化自身收益的目的。陈晖等（2007）考虑延迟供货率与价格折扣和缺货期间库存水平相关，提出了一种需求为正态分布且提前期和构建成本均可控的 EOQ 模型，对模型的最优解进行了理论分析。徐贤浩等（2010）假设在允许缺货的情况下设置合理的缺货期价格折扣来控制订单的流失，即以价格折扣的损失来挽留住更多的顾客，使其总成本到达最优，建立了短生命周期产品的库存模型，并提出了最优解的求解方法。

上述文献主要对延迟供货率受零售商提供的各种补偿措施影响时零售商的最优采购决策问题进行了研究，通过建立相应的模型得到了零售商在该情形下的若干采购及补货策略。

（四）延迟供货率由零售商与其合作者协调确定时的最优采购问题

随着零售商与其合作者（如供应商和顾客）之间的合作日益密切，当延迟供货率可以由零售商和供应商（或顾客）进行协商确定时，零售商如何给出其最优采购策略的问题也引起了研究者的关注。

随着供应商与零售商之间的合作日益密切，相关文献对延迟供货率可以由供应商和零售商协商确定情形下零售商的最优采购及补货问题进行了研究。如 Weng（2004）对传统的报童模型进行了推广，研究了当供应商和零售商面对不确定的市场需求时其关于最优采购量的确定问题。该文假设缺货情形下所有的需求可以通过延迟供货来实现且根据采购量对于价格给予相应的折扣并对所得到的结果进行了相应的分析。Zhou 和 Li（2007）研究了缺货情形下当所有的需求可以全部实现延迟供货时，零售商与供应商之间关于定购量和定价决策的一种协调模型。分别研究了零售商和供应商的最优采购及定价决策问题，并讨论了两者目标最优与整个供应链目标最优之间的关系。Zhou 和 Wang（2009）对 Zhou 和 Li（2007）研究的模型进行了扩展，讨论了当不能满足的需求只能部分延迟供货时，零售商与供应商之间如何确定采购量的问题。Lodree（2007）研究了报童模型中当延迟供货率为未能满足需求的线性函数且受顾客等待补货时间影响时，供应商与零售商之间的采购合同问题。该文假设零售商的缺货损失包括缺货惩罚和顾客良好意愿的损失，同时给出了当商品的需求服从指数分布时该问题的最优解并给出了相应的灵敏度分析。最后通过相应的数值例子验证了所得到结果的有效性。罗新星和程婷（2005）研究了在两级供应链中的缺货情况下，零售商从供应链外部采购和供应商紧急补货进行延迟供给的供应链效益。研究结果表明缺货情形下，如果零售商和供应商进行更密切的合作并设计有效的紧急补货策略，供应链就能得到优化。杨志林等（2009）研究了缺货时部分需求延迟供给情况下零售商和供应商之间的供应链模型，零售商和供应商合作满足一种较短生命期的商品的随机需求，缺货时部分需求流失，零售商采用部分延迟供货策略来提高自己的利润，分析了整体供应链的最优订货数量和分散供应链零售商的最优订货数量。

同时，相关文献对延迟供货率可以由顾客和零售商协商确定情形下的最优采购及补货问题进行了研究。如 Pan 和 Hisao（2001，2005）研究了当延迟供货率可以通过与顾客谈判协商来决定时（假设零售商将为延迟供货的商品提供一个价格折扣，而延迟供货率与该折扣的大小相关），零售商的最优采购策略并给出了相应的求解算法。杨瑾等（2005）描述了延迟供给策略的内涵，在与客户化供应链整个业务流程结合的基础上，研究了该策略的实施目标、实现方式以及运作过程，阐明了该策略不仅能降低供应链成本，实现产品和服务多样化，而且能够提高供应链的敏捷性，快速响应客户个性化需求。

上述文献主要对延迟供货率可以由零售商及其合作者协商确定时零售商的最优采购决策问题进行了研究，通过建立相应的模型得到了零售商在该情形下的若干采购及补货策略。

综上所述，当前关于零售商在延迟供货情形下最优采购决策问题的相关研究主要集中在对当延迟供货率受相关因素（如顾客等待补货时间和零售商提供的补偿措施）影响时，零售商如何制定最优采购策略来实现其利润最大化或损失最小化问题的探讨。同时，部分文献也研究了当延迟供货率可以由零售商和供应商（或顾客）协商确定时，零售商的最优采购策略问题。而关于该问题中零售商在采购过程中对于由市场需求不确定性所造成的风险控制与管理问题的相关研究则非常少。虽然延迟供货可以挽救由于缺货给零售商造成的机会损失，但是在当前商品更新换代极其频繁且市场竞争日益激烈的环境下，如果零售商过度依赖延迟供货而忽略了对商品采购过程中所存在的潜在风险的有效控制，往往会给零售商带来巨大的损失。然而，目前学界关于零售商在延迟供货情形下的风险控制和管理问题的关注还远远不够。

二、零售商基于 CVaR 准则的最优采购决策研究

在关于零售商的库存管理问题的相关研究中，许多研究者主要考虑当零售商以期望利润最大化或期望损失最小化为决策目标时的最优采购决策问题，对于风险中性的零售商而言或者说当零售商对于利润或损失的变化不敏感时，这种方法是比较合适的。但是，如果当零售商者是风险厌恶型的时候，希望对于采购决策过程中的潜在风险进行有效规避或者控制时，上述期望利润最大化或损失最小化的准则就不合适。因此，对于风险厌恶零售商的最优采购决策而言，许多学者引入了若干风险度量准则来研究其风险控制问题。近年来，许多研究者将在金融风险管理中得到广泛应用的 CVaR 准则应用到对风险厌恶零售商的最优采购决策问题的研究中并取得了若干有趣的结

论。因此，我们对零售商基于 CVaR 准则的最优采购决策问题的相关研究结果进行总结和分析。目前，关于该问题的研究主要集中在以下三个方面：

（一）利润最大化或损失最小化零售商的最优采购决策

近年来，CVaR 准则首先被应用到对单阶段库存风险管理问题的研究中，许多学者将该准则应用到对以利润最大化为目标的零售商的风险采购问题的研究中，并得到了若干有趣的结论。下面分别讨论五种研究思路现状。

第一，研究采购风险策略的一种模型，采用损失期望最小化或利润最大化构成的报童模型研究文献最多，如 Chen 等（2003）首次将 CVaR 准则应用到对报童模型的研究中，讨论了当零售商以利润最大化为目标，且不考虑缺货惩罚时其在 CVaR 准则下的最优采购策略。同时，该文引入了将期望利润和 CVaR 利润的凸组合作为决策目标的均值-CVaR 模型，探讨了零售商对利润最大化和风险控制两个目标之间的协调问题。进一步地，许明辉等（2006）对 Chen 等（2003）中的模型进行了推广，研究了当零售商以利润最大化为目标且考虑缺货惩罚时其在 CVaR 准则下的最优采购量，并给出了该最优采购量满足的许多性质。

第二，考虑利润最大化和损失最小化为目标的最优采购模型进行研究，如 Gotoh 和 Takano（2007）则研究了报童模型中考虑缺货惩罚时，零售商分别以利润最大化和损失最小化为目标时，其在 CVaR 准则下的最优采购决策问题。分别建立了相应的模型，并证明了上述情形下的模型具备凸性和次可加性，在此基础上对相应的均值-CVaR 模型进行了研究并给出了其最优解。刘玉霜（2013）利用 CVaR 度量零售商的风险规避性，证明了风险规避型零售商最优决策的存在性和唯一性，给出了其最优决策的解析式，借助理论推导和数值分析，给出了需求价格弹性系数、零售商的价格竞争和风险规避程度对供应链成员最优决策和渠道效率的影响。Xu 和 Li（2010）进一步提出了考虑缺货损失情形下零售希望协调期望利润和 CVaR 利润从而对两者进行加权处理的新的目标函数，并得出了零售商在该目标函数下的最优采购量。同时证明了零售商以期望利润最大化和 CVaR 利润最大化为目标时的最优采购量分别是使上述加权目标最优化的采购量的特殊情形。Gotoh 和 Seshadri（2005）提出了以期望利润和 CVaR 准则的加权平均作为决策目标的一种新的决策准则，该准则一方面反映了零售商追求高利润的愿望，另一方面反映了其对潜在风险的控制。Chen 等（2008）也对上述加权准则进行了进一步的讨论和研究。

第三，也有许多文献采用了均值-CVaR 模型的测度模型，这种模型同时考虑了零售商的平均风险和风险损失厌恶。如 Jammernegg 和 Kischka（2007）对报童模型进行了研究，证明了现实生活中零售商的最优采购量往往和所谓的期望利润最大化的最优采购量是不一致的，进而基于 CVaR 准则提出报童模型中零售商的一类新的目标函数并给出其最优解。柳键和罗春林（2010）同样对上述考虑的期望利润和 CVaR 目标进行加权作为目标函数的期望-CVaR 模型进行了探讨，并研究了两阶段供应链中零售商在该目标下的最优采购策略和上游供应商的最优定价策略。研究结果表明零售商的最优采购量随着风险厌恶因子和 CVaR 利润权重的增加而减少，供应商的最优定价也随着风险厌恶因子和 CVaR 权重的增加而减少。Xu 和 Li（2009）以及 Xu（2010）研究了在报童模型中当零售商具有二次采购机会时，其在 CVaR 准则下利润最大化的最优采购决策问题并给出了该情形下零售商的最优采购量及其满足的相关性质。同时也对零售商对期望利润和 CVaR 目标进行加权作为目标函数的期望-CVaR 模型进行了研究，给出了其最优采购量并讨论了其与基于 CVaR 利润最大化的最优采购量之间的关系。Tomlin 和 Wang（2005）研究了以报童模型为背景的分别从一个专门采购途径和灵活采购途径进行采购时，风险厌恶零售商基于 CVaR 准则的最优采购策略。研究结果表明在一定情况下从专门采购途径进行采购的成本要大于从灵活采购途径进行采购的成本。Wu 等（2006）假设零售商在需求实现以后决定是否行使期权采购的基础上，提出了一个新的供应链采购合同并利用 CVaR 准则对该合同进行了风险分析。刘咏梅等（2013）针对具有风险厌恶特性的报童在面临战略顾客时应如何做出采购和定价决策的问题，在分析战略顾客购买行为的基础上，运用 CVaR 准则建立考虑战略顾客行为的风险厌恶报童模型，研究了存在战略顾客时数量折扣契约能否实现供应链协调的问题。夏欢等（2011）以生产型企业为研究对象，结合条件风险值（CVaR）建立了一种多产品多目标风险决策模型，得出企业最优的采购策略和生产策略，数值实验表明了所给出的模型能帮助企业控制风险，合理安排采购和生产。许民利和李展（2013）建立了具有预算约束、损失约束、需求依赖于价格和基于条件风险价值（CVaR）准则的价格—订单量决策模型，并给出了模型的最优解与约束条件有效阈值的求解方法。研究结果表明，条件风险值对损失约束比对预算约束的敏感程度高，而不同约束的高敏感区域位置不同；风险规避程度越高，CVaR 对约束值的弹性系数越低；预算约束值的提高降低了边际贡献率，风险规避程度越高，降低幅度越大。

第四，若干研究者也结合 CVaR 准则建立了多阶段供应链中零售商的最优采购问题的模型，其中每个阶段以风险中性或风险厌恶为目标。如程珍（2012）研究了由一个零售商和一个供应商组成的两级供应链中，将提前期作为决策变量纳入决策模型中，考虑缩短提前期所带来的赶工成本，从风险中性或风险规避两个角度建立了四个决策模型。其中，风险中性时采用期望利润最大化作为零售商的目标函数，而风险规避时采用条件风险值作为零售商的决策目标，并对各模型进行了求解。李剑锋等（2013）利用条件风险值模型建立了集成商风险规避模型、供应商风险规避模型和供应链风险规避模型，得出了集成商的最优初始采购量、最优期权购买量和供应商的最优期权价格、最优期权执行价格。研究结果表明集成商风险规避对集成商和供应商的决策均有重要影响，在集成商风险规避的情况下，物流服务供应链不能实现协调，期权机制下的供应链及其成员的收益优于不引入期权的情况，并实现了 Pareto 改进。于春云等（2007）建立了随机需求下由具有不同风险规避特性的单个供应商与单个零售商组成的两级供应链的 CVaR 模型和基于条件风险值的最优采购量模型及协调供应链的收入共享契约模型，并对模型进行了相应的分析，揭示了供应商和零售商的风险规避程度对最优采购量、批发价格及供应链协调的影响。

第五，相关文献也结合 CVaR 准则对零售商的多周期采购问题进行了研究，与前面不同的是模型按整个周期进行求解，这种模型适合多个周期订货问题。杨传平（2011）利用条件风险价值准则研究了具有一般随机需求和需求依赖销售努力的报童问题和供应链协调问题，对需求依赖销售努力的报童问题给出了在某一风险厌恶水平下企业的最优销售努力和订货批量决策，进一步分析了风险厌恶水平对系统最优决策和利润的影响。苗蕴慧（2009）将 CVaR 方法与随机存储管理结合起来，拓展了 CVaR 方法的应用领域，将 CVaR 方法引入对随机存储策略的研究中，建立了基于条件风险价值的随机存储模型并对模型求解，通过同传统的随机存储模型相比较，体现了新建模型的优势所在。Zhang 和 Xu（2009）提出了零售商在随机市场需求下以损失最小化为决策目标时，同时分别以 VaR 和 CVaR 准则作为约束的单周期和多周期的随机规划模型，给出了求解上述模型的一种样本平均近似法并讨论了由该方法所得到的最优解的收敛性。蒋敏等（2007）研究了供应链中单周期和多周期多产品组合采购与供应的条件风险值模型，利用 CVaR 理论将多产品从多个供应商采购来分散需求不确定性带来的风险，以达到损失最小的目的。杨磊等（2008）在下游风险度量和 CVaR 风险度量两种度量准则下研究了零售商在能力约束条件下的最优订货策略，并进一步分析了零售商的风险厌恶程度对其最优采购策略的影响。

上述文献主要对零售商以利润最大化为目标时建立了基于 CVaR 准则的最优采购决策问题的模型，通过建立相应的模型得到了零售商在该情形下的最优采购策略。

（二）零售商基于零售价或广告投入变动的最优采购决策研究

由于商品的市场需求会受到诸多因素（如广告投入和商品零售价格的变动等）的影响，因此许多学者研究了当市场需求受到市场不同因素影响时零售商基于 CVaR 准则的最优采购决策问题。

一方面，一些学者将 CVaR 准则应用到对多产品采购问题的研究中并得到了相应的采购及生产或定价策略。如周艳菊等（2006）将 CVaR 准则应用到对报童模型中多产品采购问题的研究中，建立了零售商以 CVaR 准则为约束条件的多产品最优采购模型。证明了所建立的模型最终可以表示为一个线性规划问题，并可以借助相关的软件工具进行求解。夏欢（2009）建立了基于 CVaR 多产品单目标风险决策模型和基于 CVaR 多产品多目标耦合平衡模型，研究了企业多产品采购、生产和销售中的耦合平衡问题，从而使企业的决策达到整体优化。周艳菊等（2008）利用 CVaR 准则建立了两阶段多产品采购风险决策模型，用数值分析对模型进行了检验，发现它基本反映了真实的决策过程和决策者的心理。如 Chen 等（2009）研究了在商品的实际需求量随着零售价的变动而发生变化的情形下，零售商以利润最大化为目标时其在 CVaR 准则下的最优采购和最优定价联合决策问题。

另一方面，随着供应商与零售商之间的合作日益密切，零售商考虑契约的最优采购问题也得到了广泛的关注。在这类采购问题中，CVaR 准则也得到了广泛的应用。如安智宇和周晶（2006）假设在上游供应商具有随机的违约概率情形下，建立了零售商基于 CVaR 准则的最优采购决策模型。研究结果表明零售商的最优采购量与供应商的可靠性具有正相关性：当制造商风险参数很高时，可靠性只有达到一定程度，采购量才会有较大幅度提高；当供应商可靠性较低时，降低预订价格会吸引更多的订货。胡昌峰和胡支军（2009）将 CVaR 准则应用到对随机需求下的供应链协调问题的研究中。通过对零售商和整个供应链的决策分析，证明了批发价契约不能使供应链达到协调，而收益共享契约和回购契约能使供应链达到协调，并给出了契约参数取值范围的计算公式。马利军等（2010）用 CVaR 准则作为风险度量工具，研究了制造商和零售商通过讨价还价机制决定批发价和采购量的问题。研究结果表明对于风险厌恶零售商和风险中性制造商而言，两者的合作博弈存在均衡的批发价格以及订货量。研究还发现零售商对供应链利润的讨价还价能力随着其对风险厌恶程度的增大而增加。邱若臻和黄小原（2011）研究了由具有不同风险偏好的零售商和风险中性的供应商组成的两级供应链回购契约协调问题，针对具有风险偏好的零售商，考虑了风险中性、风险厌恶和风险喜好三种态度，建立了由风险厌恶程度和悲观系数两个参数描述的基于条件风险值的集成目标决策函数。霍莎莎（2013）在基于均值-CVaR 准则的报童模型的基础上，分别在批发价格契约、收益共享契约以及回购契约下，构建了可度量零售商不同风险偏好的基于均值-CVaR 的契约扩展模型，并研究了契约模型使供应链达到协调的条件。研究结果表明在单个供应商和单个零售商构成的二级供应链中，假定供应商具有风险中性特征、零售商具有风险中性或者风险厌恶特征，则批发价契约无法协调该供应链。施文娴（2013）以通信运营商及其一级代理商的产品定价与订货问题为研究对象，基于 CVaR 准则研究了该一级代理商关于产品定价与订货问题的风险控制策略。该研究可以帮助通信运营商挖掘潜在需求，并得到对一级代理商的激励策略，同时使一级代理商在有效控制风险的前提下得到最优的定价与订货策略，从而为通信运营商及其一级代理商的风险决策提供了理论参考。李绩才等（2012）将 CVaR 准则应用到零售商对于某些季节性商品的最优广告投入与采购策略的联合决策中，建立了风险厌恶零售商的广告投入和采购策略联合决策的最优模型。给出了模型的最优解并分析了风险厌恶程度和商品本身的特性对零售商的最优采购量和广告投入的影响。刘玉霜（2013）针对随机需求与零售商价格竞争相关的问题，基于收益共享契约研究了由一个风险中性的制造商和两个风险规避型零售商组成的供应链的协调问题。通过指数乘法需求形式将价格竞争引入需求模型中，并以 CVaR 作为零售商的风险度量准则，证明了竞争的零售商存在唯一最优的定价—采购联合决策，并给出了具体的解析表达式。借助于理论推导和数值分析讨论了零售商的价格竞争和风险规避对供应链成员最优决策和渠道效率的影响。

另外，结合零售商的风险厌恶特性，相关研究者将 CVaR 准则应用到对于风险厌恶零售商的最优采购问题的研究中。如闻卉等（2013）利用 CVaR 准则探讨随机需求下供应链成员均具有风险规避特性时供应链回购的优化与协调问题，在回购合同下建立基于负收益的零售商、供应商和供应链的条件风险值模型，研究供应链各成员风险规避水平对最优采购量、最优批发价格及供应链协调策略的影响，得出了供应链最优采购量和最优批发价格与供应商和零售商的风险规避水平之间的关系。钟昌宝等（2009）在传统的供应链分销网络优化模型的基础上，利用条件风险值计量风险厌恶零售商的风险水平，建立了供应链分销网络多目标优化模型，通过该模型来优化分销网络结构，寻求一定风险水平下的供应链分销网络最佳优化策略，实现其利润最大化。方森宇等（2009）利用 CVaR 准则研究了在集成供应链条件下，供应链整体风险最小化协调策略，在综合考虑供应链各个节点企业的生产、采购、库存和销售情况下，分析了各个节点企业带给整个供应链的市场风险和经营风险，得到了相应的供应链风险协调模型，提出了相应的管理策略。钟昌宝（2010）结合 CVaR 准则，分别提出了供应网络条件风险价值、分销网络条件风险价值的概念和计算公式，并用来度量供应网络和分销网络风险水平，算例结果说明该方法不仅能有效度量供应链中的各种风险水平，而且能为风险视角的供应链设计优化决策提供必需的依据。周南洋（2010）针对风险源众多这一问题，以上市公司供应链网络为研究对象，构建了客观附值程度较高且简单实用的基于 CVaR 准则的供应链风险度量模型，并给出了相应的风险管理策略。王凤玲（2012）对某一家企业的水产品供应链的养殖、生产加工、运输以及仓储环节进行分析，结合 CVaR 准则对该企业的物流风险进行控制，得到了不同置信水平下企业的最优决策。

上述文献主要研究了市场需求受到广告投入或零售价变动影响时零售商基于 CVaR 准则的最优采购决策问题，通过建立相应的模型得到了零售商在该情形下的最优采购策略。

（三）两阶段供应链中零售商的最优采购决策研究

近年来，许多研究者意识到不能只将零售商这个经济个体的决策单独进行研究，同时也应当考虑供应商与零售商联合决策之间的相互影响关系，对由两者构成的整体作为对象进行研究。因此许多研究者将 CVaR 准则应用到对由供应商与零售商构成的两阶段供应链问题的最优决策的研究中。

若干研究者将 CVaR 准则应用到对双层报童模型问题的研究中，得到了有关最优采购策略。如程露等（2008）建立了以供应商为领导层，零售商为从属层且以 CVaR 准则为决策目标的双层规划报童模型，实现了零售商在利润最大化的同时对潜在风险进行有效控制的目的。同时，根据所建模型中下层规划的特点及双层规划的相关结论将双层报童模型转化成单层规划问题进行求解，相关数值结果证明了所给出模型的有效性。周树民和王涛（2009）建立了不考虑缺货惩罚情形下供应商以利润最大化为目标而零售商以 CVaR 利润最大化为决策目标的双层报童模型，并结合罚函数算法给出了其最优解满足的条件。研究结果表明，风险中性的供应商可确定适当的批发价格，风险厌恶的零售商可在风险降到最低的情况下对其采购量作出最佳的决策，使各自最终获得最大效益。郭飞等（2013）把奖励策略引入到对双层报童模型的研究中，建立了基于 CVaR 准则的双层报童模型的联合风险决策模型。研究结果表明奖励策略能有效降低供应链中潜在的风险和不确定性，激励零售商采购更多的商品。同时证明了供应链中供应商和零售商如果合作让利，则双方的利润都增加，而恶性循环则使双方都遭受更大的损失。蒋敏（2013）研究了一种多损失条件风险值的双层规划模型，对于多个损失函数和对应的权值水平，在给定的置信水平下，定义了不超过给定损失值的最小风险值（VaR 值）和对应的累计期望损失值（CVaR 损失值）概念，给出了两级供应链中多产品的定价与采购的双层条件风险值模型。Hsieh 和 Lu（2010）对供应商提供退货政策且商品的市场需求受到商品零售价格影响时由一个供应商和两个零售商构成的双层报童模型进行了研究。本章假设零售商是风险厌

恶的且以 CVaR 利润最大化为其决策目标，讨论了零售商风险厌恶程度及相关决策因素的变化对零售商的最优决策及供应商的退货政策和利润的影响。Xu 等（2013）将 CVaR 准则应用到对多阶段供应链风险管理问题的研究中，得到了一类求解该问题的风险决策模型。给出了原材料供应商和制造商以利润最大化为决策目标而零售商以 CVaR 利润最大化为决策目标时的最优决策，并同已有结果进行了比较和分析。肖辉（2013）针对多阶段库存问题，利用 CVaR 准则建立了条件风险约束下的一类凸随机优化模型并结合罚函数技术给出了多阶段 CVaR 约束库存问题的光滑化算法。王宁（2011）建立了两种风险规避型供应链的 CVaR 模型，即零售商规避风险、制造商为风险中性时的供应链和零售商、制造商均风险规避的供应链，并用回购契约分别进行了协调，计算得出了对应的协调供应链的最优采购量和最优回购价格。

同时，CVaR 准则也被应用到对双层供应链中供应商与零售商的协调问题的研究中。如 Yang 等（2009）研究了包含一个风险中性供应商和一个风险厌恶零售商的双层供应链中，当风险厌恶零售商以 CVaR 准则为决策目标时供应链的协调优化问题。讨论了各种协调合同对上述问题的协调效果并证明了风险厌恶零售商可以通过提高其风险厌恶水平来提高自己的利润。Gan 等（2005）研究了由一个风险中性供应商和一个风险厌恶零售商组成的供应链系统的协调问题，其中风险厌恶零售商以 CVaR 利润最大化为决策目标。研究结果表明传统的回购和收入分享合同并不能很好地协调两者的最优决策，进而提出了一个新的风险共享合同来解决该问题。罗春林等（2011）研究了风险中性的供应商与风险厌恶的零售商所构成的二阶供应链的定价与订货策略，其中零售商的风险厌恶由 CVaR 准则来度量。研究结果表明当供应商不确定零售商的风险厌恶因子时，一定会造成其期望利润的下降，从而也体现了信息的价值。柳键和罗春林（2010）以期望利润和 CVaR 利润的加权平均作为目标函数，研究零售商的最优订货策略，并在此基础上研究上游供应商的定价策略。研究结果表明零售商的最优采购量随着风险厌恶因子和CVaR利润权重的增加而减少，供应商的最优定价也随着风险厌恶因子和CVaR利润权重的增加而减少。于春云等（2011）建立了随机需求下具有不同风险规避特性的单个供应商与单个零售商组成的两级供应链的条件风险值模型、基于条件风险值的最优采购量模型和协调供应链的最优回购契约模型，并对上述模型进行了分析和研究。刘鹏超和刘峰（2014）基于CVaR准则构建了风险规避制造商和风险规避零售商共同负责销售和回收的闭环供应链回收定价决策模型。研究结果发现在各渠道顾客环保意识和渠道之间的影响强弱情况不同时，相应的最优回收定价随制造商风险规避水平的变换规律会产生不同的趋势，但不论顾客环保意识和渠道间相互影响如何变化，最优回收定价都会随零售商风险规避水平的增大而减小。

若干研究者将CVaR准则应用到对闭环供应链问题的研究中，并得到了许多最优采购方面的结论。如高文军和陈菊红（2010，2011）利用条件风险值理论研究具有风险规避特性的闭环供应链的优化与协调问题，建立了随机市场需求下由单个风险规避零售商与单个风险规避制造商组成的两阶闭环供应链的条件风险值模型和基于条件风险值的收益共享和费用共担契约下的最优采购量和最优批发价格决策模型，然后在对模型进行分析的基础上，揭示了制造商和零售商的风险规避水平对最优采购量、批发价格、条件风险值及闭环供应链协调的影响。于春云等（2009）将条件风险值模型引入到对具有风险偏爱特性的供应链优化与协调问题的研究中，建立了随机需求下由具有不同风险偏爱程度的单个供应商与单个零售商组成的两级供应链的条件风险值模型和基于条件风险值的最优采购量模型及协调供应链的最优回购契约模型，并对模型进行了分析，揭示了供应商和零售商的风险偏爱程度对供应链协调、最优采购量、回购价格及供应链合作稳定性的影响。徐兵等（2013）针对由两个制造商和单个零售商组成的两阶段供应链，假定产品存在次品需返修、产品需求为随机且受到产品质量和零售商促销努力的影响，用均衡分析方法建立了零售商为风险中性时的供应链集中式决策模型和分散式决策模型，给出了协调供应链的回购加促销补贴合同，基于条件风险值准则建立了零售商为风险厌恶时的供应链集中式决策模型和分散式决策模型，给出了协调该供应链的回购加促销补贴合同。高文军和陈菊红（2012）利用条件风险值理论研究了第三方回收闭环供应链的优化与协调问题，在随机需求与收益共享—费用共担契约下，建立了由单个风险规避零售商、单个风险规避制造商和单个风险中性第三方回收商组成的三阶段闭环供应链的条件风险值模型和基于条件风险值的最优采购与定价决策模型，在对模型进行分析的基础上，揭示了制造商和零售商的风险规避水平对最优采购量、最优定价、条件风险值及闭环供应链协调性的影响。

同时，若干研究者结合博弈论对零售商在 CVaR 准则下的最优采购问题进行了研究。如徐兵和贾艳丽（2013）运用博弈论和 CVaR 准则对随机需求下由风险中性生产商和风险厌恶零售商组成的闭环供应链构建了分散式决策模型和集中式决策模型，基于合同理论提出了协调闭环供应链的利润共享合同。研究结果表明分散式决策采购量小于集中式决策采购量，零售商为风险厌恶型的两类决策模型是其为风险中性时模型的拓展。靳维新（2013）建立了基于 CVaR 准则的双层风险决策模型，以供应链契约中的回购策略为研究对象，讨论在不同形式的回购策略下，供应商和零售商将损失最小作为决策目标时双方如何来确定最优的批发价格和最优的采购量来使供应链达到协调的问题。王涛（2008）结合 CVaR 准则和二层报童问题，讨论了两种基于 CVaR 准则下的二层报童问题模型，针对这两种模型分别设计了相应的求解算法并给出了两个算例。通过算例分析表明在两种模型的条件下，供应商可确定适当的批发价格，零售商可以对买进多少采购量做出最佳的决策，使各自获得最大的利润。陈倩（2012）在单阶段风险报童模型的研究基础上，采用条件风险值描述决策者风险态度，就传统协调和 Stackelberg 协调两种协调机制，建立了供需双方同时为风险厌恶型决策者的回购策略协调模型，得出了供应链实现协调的目标下决策者风险参数需满足的条件，并通过数值算例对两种协调机制进行了对比，给出了不同协调机制下决策者期望收益的增长率。叶亮（2012）应用 CVaR 准则反映零售商的风险偏好，构建了随机需求下的单个零售商和单个供应商组成的两级供应链期权契约模型，分析推导出零售商的最优期权购买量，反映了零售商的风险偏好对买入期权的最优购买量和收益都有重要影响。刘忠轶等（2013）研究在一个风险中性供应商和一个风险规避型零售商组成的供应链环境中用期权合约来协调供应链的问题，通过 CVaR 准则得到了风险规避型零售商的最优期权采购量，然后进一步求出了供应商的最优期权生产量。

上述文献主要研究了两阶段供应链中零售商基于 CVaR 准则的最优采购决策问题，通过建立相应的模型得到了零售商在该情形下的最优采购策略。以上的分析表明 CVaR 准则在不考虑延迟供货的采购和库存问题的风险控制和管理中获得了若干有意义的结论。然而，关于 CVaR 准则在延迟供货情形下零售商的风险控制问题的研究结果却非常少，可以说几乎没有。因此本书将研究延迟供货情形下当所有的缺货可以部分或全部地实现延迟供货时，零售商如何结合 CVaR 准则给出相应的采购策略来控制其潜在风险的问题。通过最大化零售商的利润或效用低于其目标值部分（或最小化其机会损失高于其目标值部分）的期望值来确定其最优采购量，可以实现零售商对由市场需求不确定所带来的风险进行有效控制的目的，减少由此所带来的损失。

三、本章小结

本章主要对当前零售商在延迟供货情形下的最优采购决策问题和风险厌恶零售商基于 CVaR 准则的最优采购决策问题的相关研究结论进行了回顾与分析。

分析表明现有文献对零售商在延迟供货情形下最优采购决策的风险控制问题尚未予以足够重视。而综观当前市场竞争日益激烈和新产品层出不穷的环境下，对于延迟供货情形下零售商在采购过程中的风险控制问题的研究对于零售商的库存管理具有重要意义。关于风险厌恶零售商基于 CVaR 准则的最优采购决策的相关分析表明该准则对于解决现实生活中零售商在采购过程中的风险控制问题具有很大的帮助。因此，利用该准则研究延迟供货情形下零售商的最优采购决策过程中的风险控制问题具有重要的理论意义，同时对于解决零售商在上述情形下的风险管理具有一定的现实意义。

第三章　基于利润最大化目标的零售商的最优采购决策问题

现实生活中，许多零售商都是以利润最大化为决策目标的。而许多关于库存管理的研究文献中也把利润最大化作为零售商的决策目标进行研究。所以，本章首先研究在延迟供货情形下，以利润最大化为目标的零售商的最优采购决策问题。同时，由于现实生活中零售商对待风险的态度是不一样的，比如有的对风险持无所谓的态度，即风险中性的零售商，以往关于风险中性零售商的最优采购决策的相关研究往往假设该零售商以期望利润最大化为决策目标。另外，由于自身实力或者性格等原因，许多零售商希望能够对采购过程中存在的潜在风险进行有效规避或者控制，即风险厌恶型零售商，这类零售商在决策过程中对利润或损失的变化非常敏感，所以往往需要结合一定的风险度量准则来研究其最优采购决策问题。我们分别讨论这两类具有不同风险偏好的零售商在延迟供货情形下的最优采购决策问题。

一、基于期望利润最大化目标的零售商的最优采购决策

对于风险中性的零售商在延迟供货情形下的最优采购决策问题，我们以期望利润最大化作为其决策目标来进行研究。首先，我们给出零售商在采购量为 q 时的利润函数如下：

$$P(q,\ \xi)=p\min\{q,\ \xi\}-cq+r(q-\xi)^{+}+w(p-c_s)(\xi-q)^{+} \tag{3.1}$$

其中，$X^{+}=\max\{X,\ 0\}$。上式中等号右端第一项表示零售商的销售收入；第二项表示其采购成本；第三项表示当供过于求时，销售剩余产品的处理收入；第四项表示当出现缺货时，延迟供货商品所带来的利润。则对于以期望利润最大化为决策目标的风险中性零售商来讲，其目的是要找出使得其期望利润 $E[P(q,\ \xi)]$ 取得最大值的采购量。对应的模型为：

$$\begin{aligned}&\text{Max}\quad E[P(q,\ \xi)]\\&\text{s.t.}\quad q\geqslant 0\end{aligned}$$

（一）零售商的最优采购决策

首先，给出如下定义：

$$c_s^1=p-\frac{p}{w}+\frac{c}{w}$$

容易验证 $c_s^1\leqslant c$。则关于使零售商期望利润 $E[P(q,\ \xi)]$ 最大化的最优采购决策问题，有如下结论：

定理 3.1 在延迟供货情形下，以期望利润 $E[P(q, \xi)]$ 最大化为目标的零售商的最优采购量为：

$$q_1^* = \begin{cases} 0, & c_s \leqslant c_s^1 \\ F^{-1}\left(\dfrac{p-c-w(p-c_s)}{p-r-w(p-c_s)}\right), & c_s \geqslant c_s^1 \end{cases}$$

证明： 在延迟供货情形下，对于零售商的采购量 q，由零售商的利润函数式（3.1）可得其实际利润为：

$$P(q, \xi) = p\min\{q, \xi\} - cq + r(q-\xi)^+ + w(p-c_s)(\xi-q)^+$$

则由 $\min\{q, \xi\} = q-(q-\xi)^+$ 和 $(\xi-q)^+ = \xi-q+(q-\xi)^+$ 可得：

$$P(q, \xi) = (p-c-w(p-c_s))q + w(p-c_s)\xi - (p-r-w(p-c_s))(q-\xi)^+$$

则其期望利润为：

$$E[P(q, \xi)] = (p - c - w(p - c_s))q + w(p - c_s)E(\xi) - (p - r - w(p - c_s))\int_0^q (q - t)dF(t)$$

两边对 q 求导可得：

$$\frac{\partial E[P(q, \xi)]}{\partial q} = (p-c-w(p-c_s)) - (p-r-w(p-c_s))F(q)$$

因为零售商的期望利润 $E[P(q, \xi)]$ 关于 q 是凹函数，则如果满足 $c_s \leqslant c_s^1$，则有：

$$\left.\frac{\partial E[P(q, \xi)]}{\partial q}\right|_{q=0} = p-c-w(p-c_s) \leqslant 0$$

则由 $q \geqslant 0$ 可知期望利润 $E[P(q, \xi)]$ 在 $q=0$ 处取得最大值。否则，如果满足 $c_s \geqslant c_s^1$ 则期望利润 $E[P(q, \xi)]$ 在 $q>0$ 处取得最大值，且由一阶条件可知使 $E[P(q, \xi)]$ 取得最大值的最优采购量为：

$$q_1^* = F^{-1}\left(\frac{p-c-w(p-c_s)}{p-r-w(p-c_s)}\right)$$

证毕。

根据定理 3.1，我们得出了延迟供货情形下，当零售商以期望利润最大化为目标时的最优采购量。由该结论可以发现，当零售商的延迟供货价格 c_s 非常小时，即 $c_s \leq c_s^1$ 时，零售商的最优采购量为零。即零售商将不采购商品，而仅仅在需求发生后通过紧急补货对接受延迟供货的顾客进行供货。对于该结论，我们可以做出如下解释：由于延迟供货的成本非常低，所以为了减少采购过量带来的损失，零售商更希望在观察到需求后对接受延迟供货的顾客进行供货，这样就避免了由于采购过量所造成的损失。我们给出如下的例子来展示该结论。

例 3.1 考虑如下延迟供货情形下零售商以期望利润最大化为决策目标的最优采购决策问题：假设商品的市场需求 ξ 服从均匀分布 U [0，100]，商品的零售价、批发价和处理价分别为 7 元、5 元和 1 元，缺货情形下零售商的延迟供货率为 0.5。则根据 c_s^1 的定义可以得出 c_s^1 为 3，则分别计算当延迟供货价格为 $c_s=2(c_s<c_s^1)$ 和 $c_s=6(c_s>c_s^1)$ 时零售商的期望利润，所得结果如图 3.1 和图 3.2 所示。

由图 3.1 可得，当延迟供货价格 $c_s<c_s^1$ 时，零售商的期望利润函数 $E[P(q, \xi)]$ 的最大值在 $q^{opt}=-100/7$ 处取得，然而由于零售商的采购量不可能小于零，且 $E[P(q, \xi)]$ 在采购量大于 q^{opt} 时关于采购量 q 是单调减少的，所以此时零售商的最优采购量为 $q_1^*=0$。

由图 3.2 可得，当延迟供货价格 $c_s>c_s^1$ 时，零售商的期望利润函数 $E[P(q, \xi)]$ 的最大值在 $q^{opt}=300/11$ 处取得，则零售商的最优采购量即为 $q_1^*=q^{opt}=300/11$。

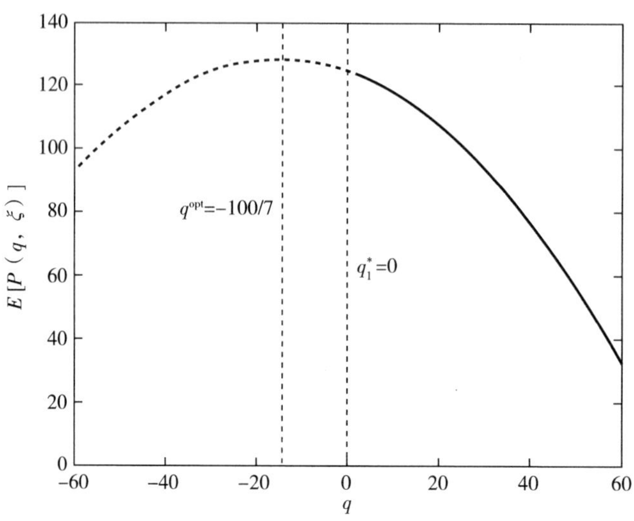

图 3.1　$c_s=2$ 时零售商的期望利润

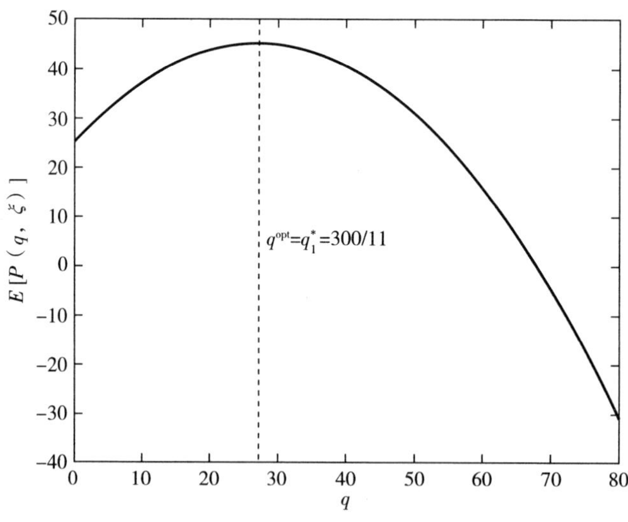

图 3.2　$c_s=6$ 时零售商的期望利润

同时，由定理 3.1 可得，当不考虑延迟供货时，即 $w=0$ 时，q_1^* 退化为：

$$q_1' = F^{-1}\left(\frac{p-c}{p-r}\right)$$

即为 Chen 等（2003）给出的不考虑缺货惩罚时零售商以期望利润最大化为决策目标的最优采购量。同样，令$-w(p-c_s)=b$，则 q_1^* 变化为：

$$q_1^\circ = F^{-1}\left(\frac{p-c+b}{p-r+b}\right)$$

即为 Gotoh 和 Takano（2007）中给出的考虑缺货惩罚时零售商以期望利润最大化为目标的最优采购量。显然，由于满足：

$$\frac{p-c-w(p-c_s)}{p-r-w(p-c_s)} \leqslant \frac{p-c}{p-r} \leqslant \frac{p-c+b}{p-c+b}$$

则结合 $F^{-1}(\cdot)$ 的单调增加性可以得出：

$$q_1^* \leqslant q_1' \leqslant q_1^\circ$$

则对于以期望利润最大化为目标的零售商而言，其不考虑缺货惩罚时的最优采购量大于延迟供货情形下的最优采购量，而小于考虑缺货惩罚时的最优采购量。即延迟供货可以减小由于采购不足所带来的损失，所以零售商在延迟供货情形下会减少其采购量；而考虑缺货惩罚会增大采购不足所带来的损失，所以零售商在考虑缺货惩罚的情形下会增大其采购量。同样对于该结论，有如下分析：由对零售商库存问题的研究结果可知，零售商以利润最大化为目标的最优采购水平为：

$$F^{-1}\left(\frac{C_U}{C_O+C_U}\right)$$

其中，C_U 表示零售商的采购不足损失，即供不应求时每少采购一单位的商品所造成的损失；而 C_O 表示采购过量损失，即供过于求时每多采购一单位商品所造成的损失。则对于上述三种情形，零售商的采购过量损失均为 $c-r$，即

$C_O^* = C_O' = C_O^\circ = c-r$

而上述三种情形下零售商的采购不足损失是不一样的，分别为：

$C_U^* = p-c-w(p-c_s)$，$C_U' = p-c$，$C_U^\circ = p-c+b$

则有 $C_U^* \leqslant C_U' \leqslant C_U^\circ$。即在采购过量损失相同的情形下，上述三种情形下的采购不足损失是单调增加的，这导致了以期望利润最大化为目标的零售商在上述三种情形下的最优采购量是单调增加的。

接下来，我们对零售商的最优采购量 q_1^* 关于相关决策因素（如商品的零售价和延迟供货率等）的变化情况进行分析和讨论。

（二）相关决策因素对零售商最优采购决策的影响

我们对上述延迟供货情形下使零售商期望利润最大化的采购量 q_1^* 的性质进行分析，讨论当相关决策因素发生变化时，该最优采购量的变化情况。

推论 3.1 在延迟供货情形下，以期望利润最大化为目标的零售商的最优采购量 q_1^* 关于商品的零售价 p 和处理价 r 分别是单调增加的，而关于商品的批发价 c 是单调减少的。

证明：由定理 3.1 可得，如果满足 $c_s \leqslant c_s^1$，则有 $q_1^* = 0$。此时满足：

$$\frac{\partial q_1^*}{\partial p} = \frac{\partial q_1^*}{\partial c} = \frac{\partial q_1^*}{\partial r} = 0$$

否则，如果满足 $c_s \geqslant c_s^1$，则有：

$$q_1^* = F^{-1}\left(\frac{p-c-w(p-c_s)}{p-r-w(p-c_s)}\right)$$

则有：

$$\frac{\partial q_1^*}{\partial p}=\frac{1}{f\left[F^{-1}\left(\frac{p-c-w(p-c_s)}{p-r-w(p-c_s)}\right)\right]}\frac{c-r}{(p-r-w(p-c_s))^2}\geqslant 0,$$

$$\frac{\partial q_1^*}{\partial c}=-\frac{1}{f\left[F^{-1}\left(\frac{p-c-w(p-c_s)}{p-r-w(p-c_s)}\right)\right]}\frac{1}{p-r-w(p-c_s)}\leqslant 0,$$

$$\frac{\partial q_1^*}{\partial r}=\frac{1}{f\left[F^{-1}\left(\frac{p-c-w(p-c_s)}{p-r-w(p-c_s)}\right)\right]}\frac{p-c-w(p-c_s)}{(p-r-w(p-c_s))^2}\geqslant 0。$$

综上所述，则有：

$$\frac{\partial q_1^*}{\partial p}\geqslant 0,\ \frac{\partial q_1^*}{\partial r}\geqslant 0,\ \frac{\partial q_1^*}{\partial c}\leqslant 0$$

即 q_1^* 关于商品的零售价 p 和处理价 r 是单调增加的，而关于商品的批发价 c 是单调减少的。证毕。

该结论表明：当商品的零售价和处理价增大时，零售商以期望利润最大化为目标的最优采购量也随之增大；反之，当商品的零售价和处理价减小时，零售商以期望利润最大化为目标的最优采购量也随之减小。实际上，由前面的讨论可知，零售商在延迟供货情形下的采购过量损失和采购不足损失分别为：

$$C_O^*=c-r,\ C_U^*=p-c-w(p-c_s)=(1-w)p-c+wc_s$$

所以当商品的零售价 p 增大时，C_O^* 不变而 C_U^* 增大，即采购过量损失不变，而采购不足损失增大，所以为了增加利润，零售商应当增加其采购量。而当商品的处理价 r 增大时，C_O^* 变小而 C_U^* 不变，即采购过量损失变小，而采购不足损失不变，所以为了增加利润，零售商应当增加其采购量。

该结论同时表明：当商品的批发价 c 增大时，零售商的最优采购量随之减小；反之，当商品的批发价减小时，零售商的最优采购量随之增大。同样，由上述分析可知，当批发价 c 增大时，C_O^* 变大而 C_U^* 变小，即采购过量损失增大，而采购不足损失变小，所以为了增加利润，零售商应当减少其采购量。

推论 3.2 在延迟供货情形下，以期望利润最大化为目标的零售商的最优采购量 q_1^* 关于商品的延迟供货价 c_s 是单调增加的。

证明：由定理 3.1 可得，如果满足 $c_s \leqslant c_s^1$，则有 $q_1^*=0$。此时满足：

$$\frac{\partial q_1^*}{\partial c_s}=0$$

否则，如果满足 $c_s \geqslant c_s^1$，则有：

$$q_1^*=F^{-1}\left(\frac{p-c-w(p-c_s)}{p-r-w(p-c_s)}\right)$$

即

$$\frac{\partial q_1^*}{\partial c_s}=\frac{1}{f\left[F^{-1}\left(\frac{p-c-w(p-c_s)}{p-r-w(p-c_s)}\right)\right]}\frac{w(c-r)}{(p-r-w(p-c_s))^2}\geqslant 0$$

综上所述，则有：

$$\frac{\partial q_1^*}{\partial c_s}\geqslant 0$$

即 q_1^* 关于商品的延迟供货价 c_s 是单调增加的。证毕。

该结论表明：当商品的延迟供货价 c_s 增大时，零售商以期望利润最大化为目标的最优采购量也随之增大；反之，当商品的延迟供货价减小时，零售商以期望利润最大化为目标的最优采购量也随之减小。实际上，由上面的讨论可知：

$$C_O^*=c-r，\ C_U^*=p-c-w(p-c_s)=(1-w)p-c+wc_s$$

所以当延迟供货价 c_s 增大时，C_O^* 不变而 C_U^* 增大，即采购过量损失不变，而采购不足损失增大，所以为了增加利润，零售商应当增加其采购量。即当延迟供货价格增大时，零售商为延迟供货而付出的代价或者说成本增大，所以应当增加其采购量以减少延迟供货的需求。

推论 3.3　在延迟供货情形下，以期望利润最大化为目标的零售商的最优采购量 q_1^* 关于商品的延迟供货率 w 是单调减少的。

证明：由定理 3.1 可得，如果满足 $c_s \leqslant c_s^1$，则有 $q_1^*=0$。此时满足：

$$\frac{\partial q_1^*}{\partial w}=0$$

否则，如果满足 $c_s \geqslant c_s^1$，则有：

$$q_1^*=F^{-1}\left(\frac{p-c-w(p-c_s)}{p-r-w(p-c_s)}\right)$$

即

$$\frac{\partial q_1^*}{\partial w}=-\frac{1}{f\left[F^{-1}\left(\frac{p-c-w(p-c_s)}{p-r-w(p-c_s)}\right)\right]}\frac{(p-c_s)(c-r)}{(p-r-w(p-c_s))^2}\leqslant 0$$

综上所述，则有：

$$\frac{\partial q_1^*}{\partial w}\leqslant 0$$

即 q_1^* 关于商品的延迟交货率 w 是单调减少的。证毕。

该结论表明：当商品的延迟供货率 w 增大时，零售商以期望利润最大化为目标的最优采购量随之减少；反之，当商品的延迟供货率减小时，零售商以期望利润最大化为目标的最优采购量随之变大。实际上，由上面的讨论可知：

$$C_O^*=c-r,\ C_U^*=p-c-w(p-c_s)=(1-w)p-c+wc_s$$

所以当延迟供率 w 增大时，C_O^* 不变而 C_U^* 变小，即采购过量损失不变，而采购不足损失减小，所以为了增加利润，零售商应当减少其采购量。当延迟供货的比率增大时，将会有更多的需求可以实现延迟供货，因此零售商为采购不足而付出的代价减小，所以应当减少其采购量来减少由采购过量带来的损失。

二、基于 CVaR 利润最大化目标的零售商的最优采购决策

在上一节，我们讨论了在延迟供货情形下，风险中性零售商以期望利润最大化为目标时的最优采购决策问题，得到了该情形下零售商的最优采购策略并对其进行了相应的分析和讨论。需要说明的是，这种期望利润最大化的决策目标对于那些对利润变化不敏感的零售商而言是合适的，但是对于那些对利润变化非常敏感的零售商而言，特别是对于那些风险厌恶型零售商而言是不合适的。

在实际生活中，出于自身实力或者性格等原因，许多零售商在经营管理中往往希望对潜在风险进行有效规避或控制，他们希望能够平衡期望利润和潜在风险以避免造成比较大的损失。因此当零售商是风险厌恶型时，我们需要引入一些风险度量准则来帮助零售商对采购决策中的潜在风险进行规避。众所周知，为了研究零售商在库存管理中的风险控制及管理问题，许多研究者将若干风险控制准则（如均值方差准则和 VaR 准则）引入对该问题的研究中并得到了许多有趣的结论。然而上述风险决策准则往往存在一定的缺陷

和不足，如均值方差准则在衡量零售商所面临的风险时，把利润高于期望值的部分或者损失低于期望值的部分也归入到风险的范畴，这显然是不符合人们对风险的定义和理解的。同样，VaR 准则虽然不存在上述问题，但是该准则具有许多不好的性质，如不可计算性等，限制了它在现实生活中风险控制方面的应用。因此，近年来人们将另一种风险度量准则——CVaR 准则应用到对供应链风险控制问题的研究中并得到了很好的效果。CVaR 准则具有许多良好的性质，使其在风险控制领域得到了广泛的应用。因此，我们应用该准则来研究延迟供货情形下，以利润最大化为目标的风险厌恶零售商的最优采购决策问题，讨论其基于 CVaR 准则的最优采购策略。

根据第一章中关于 CVaR 准则的相关介绍，该准则主要用于度量当决策者的损失超过某一给定目标值时其期望损失的最小化问题。对于延迟供货情形下以利润最大化为目标的零售商而言，首先定义其关于利润 $P(q,\ \xi)$ 的 VaR 如下：

$$VaR[P(q,\ \xi)]=Sup[y\mid \Pr\{P(q,\ \xi)\geqslant y\}\geqslant\alpha]$$

该值表示了在给定的置信水平下，零售商所能获得的最大利润。以该利润作为零售商的目标利润，定义零售商的 CVaR 目标如下：

$$CVaR[P(q,\ \xi)]=E[P(q,\ \xi)\mid P(q,\ \xi)\leqslant VaR[P(q,\ \xi)]]$$

该 CVaR 目标给出了当零售商的利润小于目标值 $VaR[P(q,\ \xi)]$ 时的平均值，通过最大化上述 CVaR 目标，可以有效规避零售商的下行风险。则根据第一章第三节中的相关知识可知，使决策者上述 CVaR 目标最大化等价于求解下面的问题：

$$\max\left[v-\frac{1}{1-\alpha}E[v-P(q,\ \xi)]^{+}\right]$$

接下来，我们讨论使风险厌恶零售商的上述 CVaR 目标 $CVaR_{\alpha}[-P(q,\ \xi)]$

最大化的最优采购决策问题。

（一）风险厌恶零售商的最优采购决策

首先，研究以利润最大化为目标的风险厌恶零售商基于 CVaR 准则的最优采购决策问题，给出使其 CVaR 目标 $CVaR_{\alpha}[-P(q,\ \xi)]$ 最小化的最优采购决策公式。我们有如下结论：

定理 3.2 在延迟供货情形下，以利润最大化为目标的零售商基于 CVaR 准则的最优采购量为：

$$q_1^{\alpha}=\begin{cases}0, & c_s \leqslant c_s^1 \\ F^{-1}\left(\dfrac{(1-\alpha)(p-c-w(p-c_s))}{p-r-w(p-c_s)}\right), & c_s \geqslant c_s^1\end{cases}$$

证明：首先，定义如下辅助函数：

$$h(q,\ v)=v-\frac{1}{1-\alpha}E[v-P(q,\ \xi)]^+$$

则由利润函数 $P(q,\ \xi)$ 的表达式可得：

$$\begin{aligned}h(q,\ v)&=v-\frac{1}{1-\alpha}\int_0^{+\infty}[v-(p\min\{q,\ \xi\}-cq+r(q-\xi)^++\\&\quad w(p-c_s)(\xi-q)^+)]^+dF(t)\\&=v-\frac{1}{1-\alpha}\int_0^{q}[v-(p-r)t+(c-r)q]^+dF(t)-\\&\quad \frac{1}{1-\alpha}\int_q^{+\infty}[v-(p-c-w(p-c_s))q-w(p-c_s)t]^+dF(t)\end{aligned} \tag{3.2}$$

由 Rockafellar 和 Uryasev（2000）中的研究结果可知 $h(q,\ v)$ 关于 q 和 v

为凹函数。则由前文中的讨论可知，求解使零售商的 CVaR 目标 $CVaR_\alpha[-P(q,\ \xi)]$ 最小化问题的最优解等价于下述问题的最优解：

$$\max_{q\geqslant 0}[\max_{v\in R}h(q,\ v)]$$

其次，我们求解上述最优化问题。首先对于某一给定的 q，我们来求解上述优化问题中的子问题 $\max\limits_{v\in R}h(q,\ v)$ 的最优解 v_1^*，分以下三种情形讨论：

情形 1：$v<(r-c)q$。在该情形下，由式（3.2）可得：$h(q,\ v)=v$，则有 $\frac{\partial h(q,\ v)}{\partial v}=1>0$，由函数 $h(q,\ \cdot)$ 的凹性可知其最优解不在该情形下取得。

情形 2：$(r-c)q\leqslant v<(p-c)q$。在该情形下，由式（3.2）可得：

$$h(q,\ v)=v-\frac{1}{1-\alpha}\int_0^{\frac{v+(c-r)q}{p-r}}[v-(p-r)t+(c-r)q]dF(t)$$

则有：

$$\frac{\partial h(q,\ v)}{\partial v}=1-\frac{1}{1-\alpha}F\left(\frac{v+(c-r)q}{p-r}\right)$$

因为 $\frac{\partial h(q,\ v)}{\partial v}\Big|_{v=(r-c)q}=1>0$，所以如果满足 $q\geqslant F^{-1}(1-\alpha)$，则有：

$$\frac{\partial h(q,\ v)}{\partial v}\Big|_{v=(p-c)q}=1-\frac{1}{1-\alpha}F(q)\leqslant 0$$

则由 $\frac{\partial h(q,\ v)}{\partial v}$ 的连续性可知问题 $\max\limits_{v\in R}h(q,\ v)$ 在 $[(r-c)q,\ (p-c)q)$ 上存在最优解 v_1^*，且由一阶条件可知 v_1^* 满足：

$$1-\frac{1}{1-\alpha}F\left(\frac{v_1^*+(c-r)q}{p-r}\right)=0$$

则当 $q\geqslant F^{-1}(1-\alpha)$ 时，问题 $\max\limits_{v\in R}h(q,\ v)$ 的最优解 v_1^* 满足：

$$v_1^*=(p-r)F^{-1}(1-\alpha)-(c-r)q$$

情形 3：$v\geqslant(p-c)q$。在该情形下，由式（3.2）可得：

$$h(q,\ v)=v-\frac{1}{1-\alpha}\int_0^q[v-(p-r)t+(c-r)q]dF(t)-$$

$$\frac{1}{1-\alpha}\int_q^{\frac{v-(p-c-w(p-c_s))q}{w(p-c_s)}}[v-(p-c-w(p-c_s))q-w(p-c_s)t]dF(t)$$

则有：

$$\frac{\partial h(q,\ v)}{\partial v}=1-\frac{1}{1-\alpha}F\left(\frac{v-(p-c-w(p-c_s))q}{w(p-c_s)}\right)$$

显然，因为 $\alpha\geqslant 0$，则 $\lim\limits_{v\to+\infty}\frac{\partial h(q,\ v)}{\partial v}<0$。所以当满足 $q\leqslant F^{-1}(1-\alpha)$ 时，下式成立。

$$\left.\frac{\partial h(q,\ v)}{\partial v}\right|_{v=(p-c)q}=1-\frac{1}{1-\alpha}F(q)\geqslant 0$$

则由$\frac{\partial h(q,\ v)}{\partial v}$的连续性可知问题$\max\limits_{v\in R}h(q,\ v)$ 在 $[(p-c)q,\ +\infty)$ 上存在最优解 v_1^*，且由一阶条件可知 v_1^* 满足：

$$1-\frac{1}{1-\alpha}F\left(\frac{v_1^*-(p-c-w(p-c_s))q}{w(p-c_s)}\right)=0$$

则当 $q\leqslant F^{-1}(1-\alpha)$ 时，问题$\max\limits_{v\in R}h(q,\ v)$ 的最优解 v_1^* 满足：

$$v_1^*=w(p-c_s)F^{-1}(1-\alpha)+(p-c-w(p-c_s))q$$

则根据以上分析可得对于给定的 q，问题$\max\limits_{v\in R}h(q,\ v)$ 的最优解 v_1^* 为：

$$v_1^*=\begin{cases}(p-r)F^{-1}(1-\alpha)-(c-r)q, & q\geqslant F^{-1}(1-\alpha)\\ w(p-c_s)F^{-1}(1-\alpha)+(p-c-w(p-c_s))q, & q\leqslant F^{-1}(1-\alpha)\end{cases}\tag{3.3}$$

则求解优化问题$\max\limits_{q\geqslant 0}[\max\limits_{v\in R}h(q,\ v)]$ 等价于求解问题$\max\limits_{q\geqslant 0}h(q,\ v_1^*)$，根据 v_1^* 的表达式分两种情形讨论：

情形 1：$q\geqslant F^{-1}(1-\alpha)$。在该情形下，由式（3.2）和式（3.3）可得

$$h(q,\ v_1^*) = (p - r)F^{-1}(1 - \alpha) - (c - r)q - \frac{1}{1-\alpha}\int_0^{F^{-1}(1-\alpha)}[(p - r)(F^{-1}(1 - \alpha) - t)]dF(t)$$

则有：

$$\frac{\partial h(q,\ v_1^*)}{\partial q} = -(c-r) < 0$$

由于 $h(q,\ v_1^*)$ 关于 q 是凹函数，所以 $\max\limits_{q\geqslant 0} h(q,\ v_1^*)$ 在该情形下不会取得最优解。

情形 2：$q \leqslant F^{-1}(1-\alpha)$。在该情形下，由式（3.2）和式（3.3）可知：

$$h(q,\ v_1^*) = w(p - c_s)F^{-1}(1 - \alpha) + (p - c - w)(p - c_s)q - \frac{1}{1-\alpha}\int_0^{q}[w(p - c_s)F^{-1}(1 - \alpha) - (p - r)t + (p - r - w(p - c_s))q]dF(t) - \frac{1}{1-\alpha}\int_q^{F^{-1}(1-\alpha)}[w(p - c_s)(F^{-1}(1 - \alpha) - t)]dF(t)$$

则有：

$$\frac{\partial h(q,\ v^*)}{\partial q} = (p-c) - w(p-c_s) - \frac{p-r-w(p-c_s)}{1-\alpha}F(q)$$

注意到 $\left.\frac{\partial h(q,\ v_1^*)}{\partial q}\right|_{q=F^{-1}(1-\alpha)} = -(c-r) < 0$，则当 $c_s \leqslant c_s^1$ 时，满足：

$$\left.\frac{\partial h(q,\ v_1^*)}{\partial q}\right|_{q=0} = p-c-w(p-c_s) \leqslant 0$$

由于 $h(q,\ v_1^*)$ 关于 q 是凹函数且满足 $q \geqslant 0$，则此时问题 $\max\limits_{q\geqslant 0} h(q,\ v_1^*)$ 的最优解为：

$q_1^\alpha = 0$。

当 $c_s \geqslant c_s^1$ 时，$\left.\frac{\partial h(q,\ v_1^*)}{\partial q}\right|_{q=0} = p-c-w(p-c_s) \geqslant 0$。则由一阶条件可知 $\max\limits_{q \geqslant 0} h(q,\ v_1^*)$ 的最优解 q_1^α 满足：

$$(p-c)-w(p-c_s)-\frac{p-r-w(p-c_s)}{1-\alpha}F(q_1^\alpha)=0$$

即

$$q_1^\alpha = F^{-1}\left(\frac{(1-\alpha)(p-c-w(p-c_s))}{p-r-w(p-c_s)}\right)$$

证毕。

根据定理 3.2，我们得到了延迟供货情形下风险厌恶零售商基于 CVaR 准则的最优采购量 q_1^α。显然，令 $\alpha=0$，则零售商基于 CVaR 准则的最优采购量 q_1^α 就退化为零售商基于期望利润最大化的最优采购量 q_1^*。由定理 3.1 和定理 3.2 可知，满足 $q_1^\alpha \leqslant q_1^*$，即延迟供货情形下，风险厌恶零售商基于 CVaR 准则的最优采购量要小于风险中性零售商基于期望利润最大化的最优采购量。实际上，对于这两种情形下的最优采购决策而言，零售商的采购不足损失分别为：

$$C_U^* = p-c-w(p-c_s),\ C_U^\alpha = (1-\alpha)(p-c-w(p-c_s)) = (1-\alpha)C_U^*$$

而零售商的采购过量损失分别为：

$$C_O^* = c-r,\ C_O^\alpha = (c-r)+\alpha(p-c-w(p-c_s))$$

则显然满足：

$$C_U^* \geqslant C_U^\alpha,\ C_O^* \leqslant C_O^\alpha$$

即对于以期望利润最大化为目标的风险中性零售商和以 CVaR 利润最大化为目标的风险厌恶零售商的采购决策而言，风险中性零售商的采购不足损失要大于风险厌恶零售商的采购不足损失；而风险中性零售商的采购过量损

失要小于风险厌恶零售商的采购过量损失，这导致了以期望利润最大化为目标的风险中性零售商的最优采购量要大于以 CVaR 利润最大化为目标的风险厌恶零售商的最优采购量。

同时，由定理 3.2 可得，当不考虑延迟交货时，即 $w=0$ 时，q_1^{α} 退化为：

$$q_1^{\alpha 0}=F^{-1}\left(\frac{(1-\alpha)(p-c)}{p-r}\right)$$

即为 Chen 等（2003）给出的不考虑延迟供货时零售商基于 CVaR 利润最大化的最优采购量。显然，这里满足：

$$q_1^{\alpha}\leqslant q_1^{\alpha 0}$$

即对于以 CVaR 为决策准则的风险厌恶零售商而言，其不考虑延迟供货时的最优采购量大于其考虑延迟供货时的最优采购量。即延迟供货可以减少由于采购不足所带来的风险，所以零售商在延迟供货情形下会减少其采购量来控制潜在的风险。

接下来，我们对风险厌恶零售商基于 CVaR 准则的最优采购量 q_1^{α} 关于相关决策因素（如商品的零售价和延迟供货率等）的变化情况进行分析和讨论。

（二）相关决策因素对零售商最优采购决策的影响

我们对上述延迟供货情形下零售商基于 CVaR 利润最大化的最优采购量 q_1^{α} 的相关性质进行分析，讨论当相关决策因素发生变化时，该最优采购量的变化情况。

推论 3.4　在延迟供货情形下，风险厌恶零售商基于 CVaR 利润最大化的最优采购量 q_1^{α} 关于商品的零售价 p 和回收价 r 分别是单调增加的，而关于

商品的批发价 c 是单调减少的。

该结论表明：当商品的零售价 p 或处理价 r 增大时，风险厌恶零售商基于 CVaR 利润最大化的最优采购量也随之增大；反之，当商品的零售价或处理价减小时，风险厌恶零售商基于 CVaR 利润最大化的最优采购量也随之减小。实际上，由定理 3.2 可知，对于风险厌恶零售商在延迟供货情形下的最优采购决策而言，其基于 CVaR 准则的采购不足损失和采购过量损失分别为：

$$C_U^\alpha=(1-\alpha)(p-c-w(p-c_s)),\ C_O^\alpha=(c-r)+\alpha(p-c-w(p-c_s))$$

所以当零售价 p 增大时，C_U^α 和 C_O^α 均增大，即采购不足损失和采购过量损失均增大，但是采购不足损失 C_U^α 增大的比率要比采购过量损失 C_O^α 增大的比率大，所以为了增加利润，零售商应当增加其采购量。而当处理价 r 增大时，C_U^α 不变而 C_O^* 变小，即采购过量损失变小而采购不足损失不变，所以为了增加利润，零售商应当增加其采购量。

同样，当批发价 c 增大时，C_U^α 变小而 C_O^α 变大，即采购过量损失变大而采购不足损失变小，所以为了增加利润，零售商应当减少其采购量。

推论 3.5 在延迟供货情形下，风险厌恶零售商基于 CVaR 利润最大化的最优采购量 q_1^α 关于商品的延迟供货价 c_s 是单调增加的。

该结论表明：当商品的延迟供货价增大时，零售商基于 CVaR 利润最大化的最优采购量也随之增大；反之，当商品的延迟供货价减小时，零售商基于 CVaR 利润最大化的最优采购量也随之减小。实际上，由上述分析可知零售商基于 CVaR 准则的采购不足损失和采购过量损失分别为：

$$C_U^\alpha=(1-\alpha)(p-c-w(p-c_s)),\ C_O^\alpha=(c-r)+\alpha(p-c-w(p-c_s))$$

所以当延迟供货价 c_s 增大时，C_U^* 和 C_O^* 均增大。即采购过量损失和采购不足损失均增加，但是 C_U^α 增大的比率要比 C_O^α 增大的比率大，所以当延迟

供货价增大时，为了增加利润，零售商应当增加其采购量。

推论 3.6　在延迟供货情形下，风险厌恶零售商基于 CVaR 利润最大化的最优采购量 q_1^α 关于商品的延迟供货率 w 是单调减少的。

该结论表明：当商品的延迟供货率增大时，零售商基于 CVaR 利润最大化的最优采购量随之减小；反之，当商品的延迟供货率减小时，零售商基于 CVaR 利润最大化的最优采购量随之增大。实际上，由上述分析可知零售商基于 CVaR 准则的采购不足损失和采购过量损失分别为：

$C_U^\alpha=(1-\alpha)(p-c-w(p-c_s))$，$C_O^\alpha=(c-r)+\alpha(p-c-w(p-c_s))$

所以当延迟供货率 w 增大时，C_U^* 和 C_O^* 均减小。即采购不足损失和采购过量损失均减少，但是 C_U^α 减小的比率要比 C_O^α 减小的比率大。所以当延迟供货率增大时，为了增加利润，零售商应当减少其采购量。

推论 3.7　在延迟供货情形下，风险厌恶零售商基于 CVaR 利润最大化的最优采购量 q_1^α 关于零售商的置信水平 α 是单调减少的。

证明：由定理 3.2 可得，如果满足 $c_s\leqslant c_s^1$，则有 $q_1^\alpha=0$。此时满足：

$$\frac{\partial q_1^\alpha}{\partial\alpha}=0$$

否则，如果满足 $c_s\geqslant c_s^1$，则有：

$$q_1^\alpha=F^{-1}\left(\frac{(1-\alpha)(p-c-w(p-c_s))}{p-r-w(p-c_s)}\right)$$

即

$$\frac{\partial q_1^\alpha}{\partial\alpha}=-\frac{1}{f\left[F^{-1}\left(\frac{(1-\alpha)(p-c-w(p-c_s))}{p-r-w(p-c_s)}\right)\right]}\frac{p-c-w(p-c_s)}{p-r-w(p-c_s)}\leqslant 0$$

综上所述，则有：

$$\frac{\partial q_1^{\alpha}}{\partial \alpha} \leqslant 0$$

即 q_1^{α} 关于置信水平 α 为单调减少的。证毕。

该结论表明：当零售商的置信水平 α 增大时，即零售商对风险的厌恶水平增加时，零售商基于 CVaR 利润最大化的最优采购量随之减小；反之，当零售商的置信水平减小时，即零售商对风险的厌恶程度减少时，零售商基于 CVaR 利润最大化的最优采购量随之增大。实际上，由上述分析可知零售商基于 CVaR 准则的采购不足损失和采购过量损失分别为：

$$C_U^{\alpha} = (1-\alpha)(p-c-w(p-c_s)), \quad C_O^{\alpha} = (c-r)+\alpha(p-c-w(p-c_s))$$

所以当置信水平 α 增大时，C_U^* 减少而 C_O^* 增大，即采购不足损失减少而采购过量损失增加。所以当零售商对风险的厌恶程度增大时，为了增加利润，零售商应当增加其采购量。

（三）风险厌恶程度对零售商期望利润的影响

在上文中，我们分别研究了风险中性零售商基于期望利润最大化和风险厌恶零售商基于 CVaR 利润最大化的最优采购决策问题。研究结果表明风险厌恶零售商基于 CVaR 利润最大化的最优采购量要小于风险中性零售商基于期望利润最大化的最优采购量。而且随着置信水平的增加即零售商对风险厌恶程度的增加，零售商基于 CVaR 利润最大化的最优采购量越来越小。实际上，因为我们没有考虑对零售商的缺货进行相应的惩罚，所以零售商在采购过程中的风险全部来自其对商品的过量采购，那么如果零售商希望减少或控制其在采购过程中所面临的潜在风险，则应当减少其采购量以避免过量采购而造成损失。那么，在这种情形下，减少采购量会对零售商的期望利润带来

什么影响？对此，我们有如下结论：

定理 3.3　在延迟供货情形下，风险厌恶零售商基于 CVaR 利润最大化的最优采购量 q_1^α 所对应的期望利润 $E[P(q_1^\alpha,\ \xi)]$ 关于零售商的置信水平 α 是单调减少的。

证明：由定理 3.1 的证明可得零售商的期望利润为：

$$E[P(q,\ \xi)] = (p-c-w(p-c_s))q + w(p-c_s)E(\xi) - (p-r-w(p-c_s))\int_0^q (q-t)dF(t)$$

上式两边对 α 进行求导，则有：

$$\frac{\partial E[P(q_1^\alpha,\ \xi)]}{\partial\alpha} = [p-c-w(p-c_s)-(p-r-w(p-c_s))F(q_1^\alpha)]\frac{\partial q_1^\alpha}{\partial\alpha} \tag{3.4}$$

根据定理 3.2，如果满足 $c_s \leqslant c_s^1$，则有 $q_1^\alpha = 0$，则根据式（3.4）可得：

$$\frac{\partial E[P(q_1^\alpha,\ \xi)]}{\partial\alpha} = 0$$

如果 $c_s \geqslant c_s^1$ 成立，则有：

$$q_1^\alpha = F^{-1}\left(\frac{(1-\alpha)(p-c-w(p-c_s))}{p-r-w(p-c_s)}\right)$$

由定理 3.1 的结论可知，此时满足：

$$q_1^* = F^{-1}\left(\frac{p-c-w(p-c_s)}{p-r-w(p-c_s)}\right)$$

则有：

$$p-c-w(p-c_s)-(p-r-w(p-c_s))F(q_1^*) = 0$$

则由 $q_1^\alpha \leqslant q_1^*$ 可得：

$$p-c-w(p-c_s)-(p-r-w(p-c_s))F(q_1^\alpha) \geqslant p-c-w(p-c_s)-(p-r-w(p-c_s))F(q_1^*) = 0 \tag{3.5}$$

则由式（3.4）、式（3.5）和$\frac{\partial q_1^\alpha}{\partial \alpha}\leqslant 0$可得：

$$\frac{\partial E[P(q_1^\alpha, \xi)]}{\partial \alpha}\leqslant 0$$

即$E[P(q_1^\alpha, \xi)]$关于置信水平α是单调减少的。证毕。

该结论说明风险厌恶零售商基于 CVaR 利润最大化的最优采购量所对应的期望利润$E[P(q_1^\alpha, \xi)]$将随着零售商的置信水平α的增加而减小。随着零售商置信水平α的增加即零售商对风险厌恶程度的增大，零售商将给出较小的采购量，同时面临着较小的潜在风险，但是这样的较小的采购量也意味着零售商将会得到较低的期望利润。即对于风险厌恶零售商而言，其风险最小化和利润最大化两个目标是相互矛盾的，如果风险厌恶零售商希望通过选择一个较低的采购量来减少其所面临的潜在风险，则其同时面临着较低的期望利润；反之，如果风险厌恶零售商希望通过选择一个较高的采购量来得到较高的期望利润，则其同时会面临较大的潜在风险。

三、案例分析

我们对山东省××市某大型超市某一品牌面包的销售情况进行了分析和调研。对该品牌面包的销售情况以 3 天为一个进货及销售周期进行统计，根据统计资料显示该品牌面包在一个周期内的销售量基本服从均匀分布 U[100, 500]。另外，该品牌面包的单位批发价和零售价分别为 5 元和 7 元，如果采购的面包在一个销售周期内有剩余，则每个销售剩余面包以 1 元的价格处理掉。在缺货情形下，当顾客同意延迟供给时，则每件产品在批发价的基础上需另付0.5元的紧急加工费用。根据统计资料，缺货情形下顾客接受延迟供货的比率大约为40%。我们用本章的所得到的结论研究该超市关于该类品牌面包在延迟供货情形下分别基于期望利润最大化和CVaR利润最大化的最优采购决策问题，并给出相应的灵敏度分析。

根据统计资料可知，对于该类品牌面包，其批发价 c 为5元，零售价 p 为7元，处理价 r 为1元，延迟供货价格可以看作为批发价加上紧急加工费用，为5.5元，缺货情形下的延迟供货率为40%。则我们分别计算当上述参数发生变化时，该超市以期望利润最大化和CVaR利润最大化为目标时的最优采购量。

基于 $c=5$、$r=1$、$c_s=5.5$、$w=0.4$ 和 $\alpha=0.5$，分别计算在不同零售价 p 下该超市基于期望利润最大化和CVaR利润最大化的最优采购量 q_1^* 和 q_1^α，所得结果如图3.3所示。由图3.3可知，在延迟供货情形下，对于不同的零售价 p，该超市以期望利润最大化为目标时的最优采购量 q_1^* 要大于其以CVaR利润最大化为目标时的最优采购量 q_1^α。两个最优采购量 q_1^* 和 q_1^α 均随着零售价 p 的增大而增加，且两者之间的差距也随着零售价 p 的增加而增大。

基于 $p=7$、$r=1$、$c_s=5.5$、$w=0.4$ 和 $\alpha=0.5$，分别计算在不同批发价 c 下该超市基于期望利润最大化和CVaR利润最大化的最优采购量 q_1^* 和 q_1^α，所得结果如图3.4所示。由图3.4可知，在延迟供货情形下，对于不同的批发价 c，该超市以期望利润最大化为目标时的最优采购量 q_1^* 要大于其以CVaR利润最大化为目标时的最优采购量 q_1^α。两个最优采购量 q_1^* 和 q_1^α 均随着批发价 c 的增加而减少，且两者之间的差距也随着批发价 c 的增加而减少。

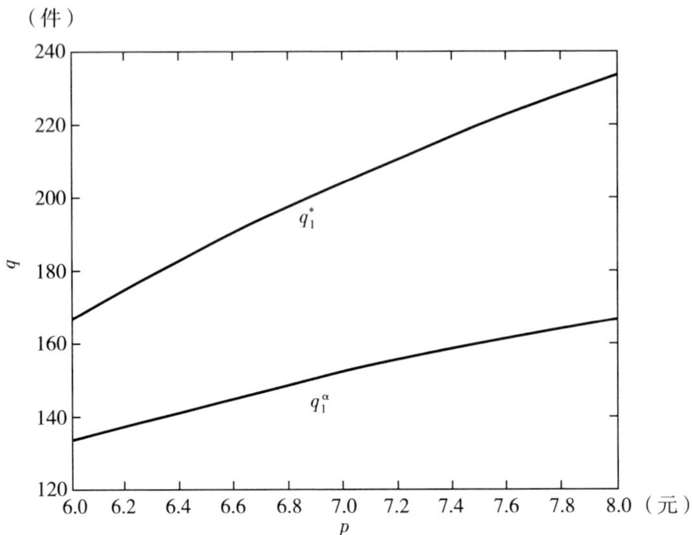

图 3.3　不同零售价 p 下该超市的最优采购量 q_1^* 和 q_1^α

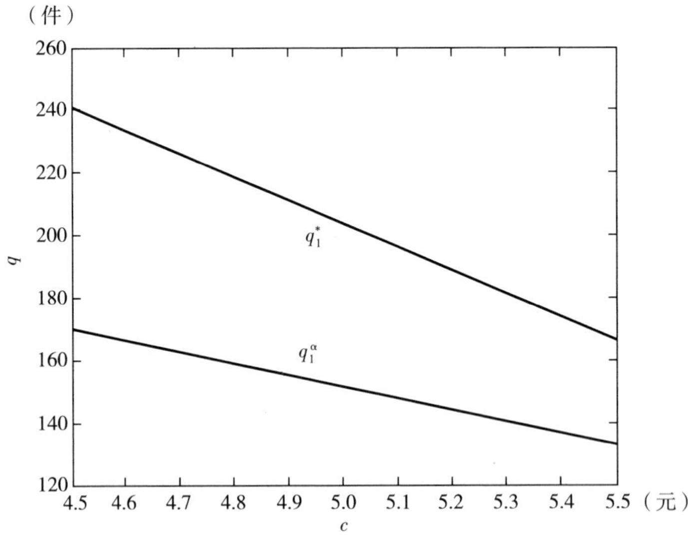

图 3.4　不同批发价 c 下该超市的最优采购量 q_1^* 和 q_1^α

基于 $p=7$、$c=5$、$c_s=5.5$、$w=0.4$ 和 $\alpha=0.5$，分别计算在不同处理价 r 下该超市基于期望利润最大化和 CVaR 利润最大化的最优采购量 q_1^* 和 q_1^α，所得结果如图 3.5 所示。由图 3.5 可知，在延迟供货情形下，对于不同的处理价 r，该超市以期望利润最大化为目标时的最优采购量 q_1^* 要大于其以 CVaR 利润最大化为目标时的最优采购量 q_1^α。两个最优采购量 q_1^* 和 q_1^α 均随着处理价 r 的增加而增大，且两者之间的差距也随着处理价 r 的增加而增大。

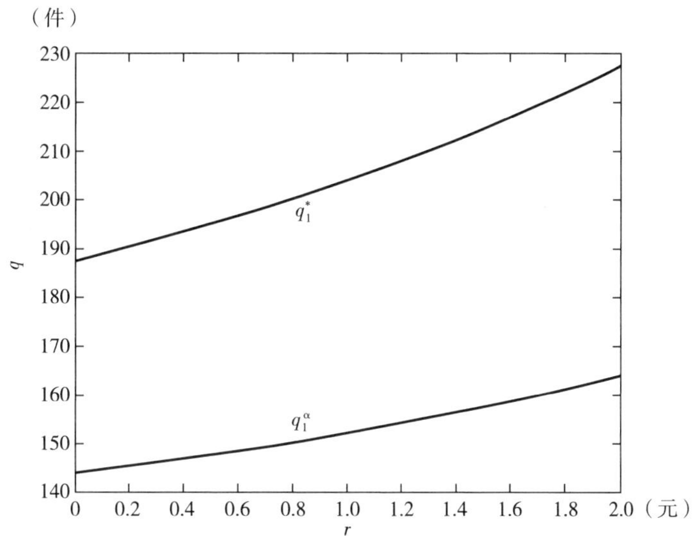

图 3.5　不同处理价 r 下该超市的最优采购量 q_1^* 和 q_1^α

基于 $p=7$、$c=5$、$r=1$、$w=0.4$ 和 $\alpha=0.5$，分别计算在不同延迟供货价 c_s 下该超市基于期望利润最大化和 CVaR 利润最大化的最优采购量 q_1^* 和 q_1^α，所得结果如图 3.6 所示。由图 3.6 可知，在延迟供货情形下，对于不同的延

迟供货价 c_s，该超市以期望利润最大化为目标时的最优采购量 q_1^* 要大于其以 CVaR 利润最大化为目标时的最优采购量 q_1^α。两个最优采购量 q_1^* 和 q_1^α 均随着延迟供货价 c_s 的增加而增大，且两者之间的差距也随着延迟供货价 c_s 的增加而增大。

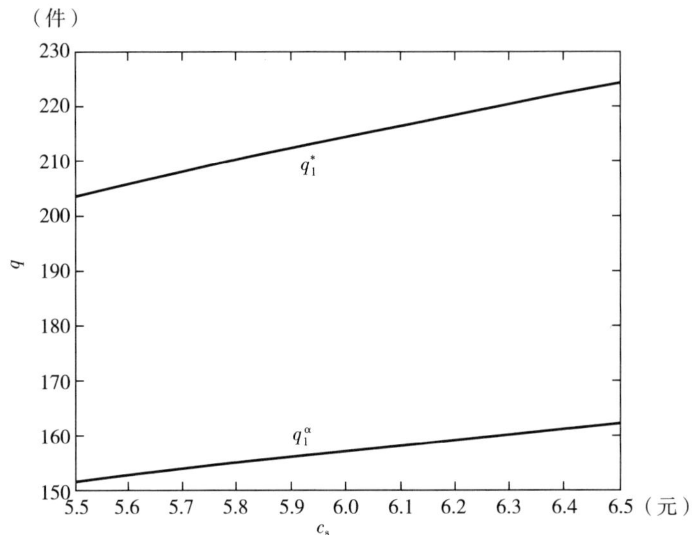

图 3.6　不同延迟供货价 c_s 下该超市的最优采购量 q_1^* 和 q_1^α

基于 $p=7$、$c=5$、$r=1$、$c_s=5.5$ 和 $\alpha=0.5$，分别计算在不同延迟供货率 w 下该超市基于期望利润最大化和 CVaR 利润最大化的最优采购量 q_1^* 和 q_1^α，所得结果如图 3.7 所示。由图 3.7 可知，在延迟供货情形下，对于不同的延迟供货率 w，该超市以期望利润最大化为目标时的最优采购量 q_1^* 要大于其以 CVaR 利润最大化为目标时的最优采购量 q_1^α。同时，两个最优采购量 q_1^* 和 q_1^α 均随着延迟供货率 w 的增加而减小，且两者之间的差距也随着延迟供

货率 w 的增加而减小。

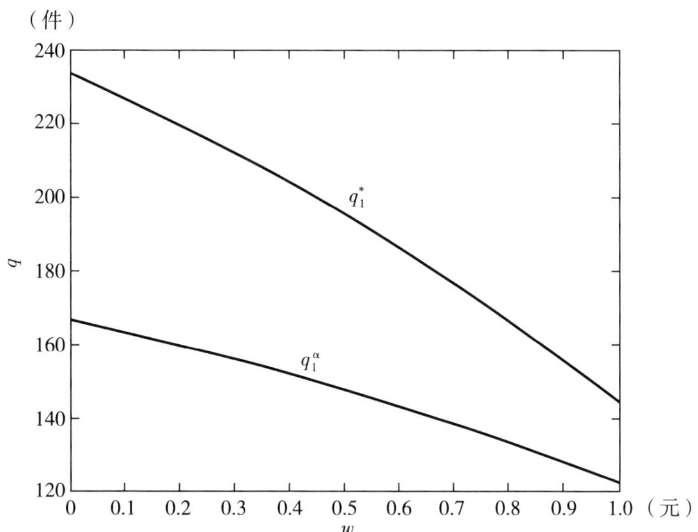

图 3.7　不同延迟供货率 w 下该超市的最优采购量 q_1^* 和 q_1^α

基于 $p=7$、$c=5$、$r=1$、$c_s=5.5$ 和 $w=0.4$，分别计算在不同置信水平 α 下该超市基于期望利润最大化和 CVaR 利润最大化的最优采购量 q_1^* 和 q_1^α，所得结果如图 3.8 所示。由图 3.8 可知，在延迟供货情形下，对于不同的置信水平 α，该超市以期望利润最大化为目标时的最优采购量 q_1^* 为一定值且要大于其以 CVaR 利润最大化为目标时的最优采购量 q_1^α。同时，q_1^α 随着置信水平 α 的增加而减小，且最优采购量 q_1^* 和 q_1^α 之间的差距也随着置信水平 α 的增加而增大。

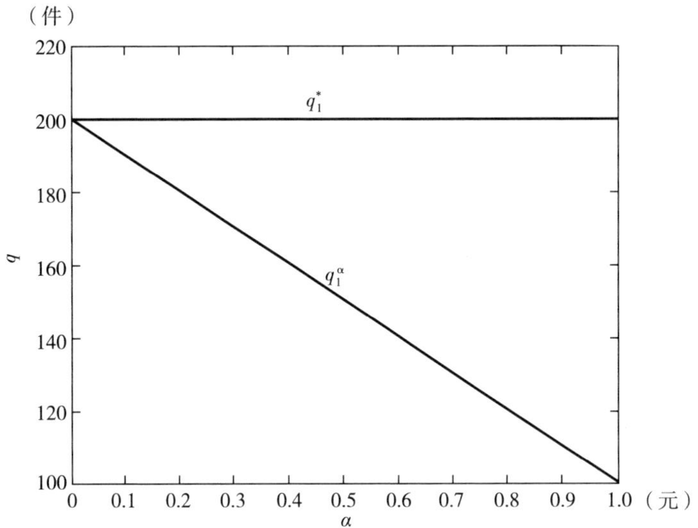

图 3.8　不同置信水平 α 下该超市的最优采购量 q_1^* 和 q_1^α

上述案例的数值结果验证了本章所得到的关于最优采购量 q_1^* 和 q_1^α 的若干结论，也对于超市的采购策略给予了相应的指导和建议。相对于期望利润最大化的目标而言，如果该超市更加注重对潜在风险的控制，则应当给出较小的采购量来规避相应的风险，但是较小的采购量也意味着较低的期望利润。当面包的零售价或者处理价增加时，意味着零售商的采购不足损失和采购过量损失分别增大和减小，则超市应当增加其采购量以减少相应的损失。当面包的批发价增大时，意味着零售商的采购不足损失和采购过量损失分别减小和增大，则超市应当减少其采购量以减少相应的损失。当延迟供货情形下面包的紧急加工价格上涨时，意味着零售商为延迟供货而付出的成本增大，则超市应当增大其采购量以减少延迟供货量及其带来的相应损失。当延迟供货率增加时，意味着零售商在缺货情形下的损失变小，则超市应当减少其采购量以减少采购过量带来的损失。当超市对风险的厌恶程度增大时，应

当减少采购量以避免或减少由采购过量所带来的损失。

四、本章小结

针对延迟供货的情形，本章分别研究了风险中性零售商以期望利润最大化和风险厌恶零售商以 CVaR 利润最大化为目标时的最优采购决策问题。分析了所得到的最优采购策略与现有结论之间的关系，讨论了上述两个最优采购量在相关决策因素（如商品的批发价、延迟供货率等）发生变化时的变化情况。研究了风险厌恶零售商在其 CVaR 利润最大化的最优采购量下所对应的期望利润与其风险厌恶程度之间的关系。最后通过相关案例分析验证了所得到的结论。

根据本章所得到的结论与现有结果之间的比较分析可以看出，延迟供货情形下零售商以期望利润最大化为目标时的最优采购量要小于不考虑延迟供货情形下零售商以期望利润最大化为目标时的最优采购量。即延迟供货减少了由库存不足所带来的损失，降低了零售商采购不足所带来的风险，导致零售商在该情形下将会给出较低的采购量。

研究结果同时表明风险中性零售商以期望利润最大化为目标的最优采购量小于风险厌恶零售商以 CVaR 利润最大化为目标的最优采购量。这说明在不考虑缺货惩罚的情形下，零售商的采购风险主要来自其过量采购，从而风险厌恶零售商将会减少采购量来避免由采购过量带来的风险，且零售商对风险的厌恶程度越大，其采购量越小。

研究结果给出了上述两个最优采购量在相关因素发生变化时的变化情

况。例如，上述两个最优采购量均随着商品零售价的增大而增大，随着商品批发价的增大而减小等。特别地，研究结果表明风险厌恶零售商以 CVaR 利润最大化为目标的最优采购量关于零售商的置信水平是单调减少的。即零售商对风险的厌恶程度越大，其采购量越小。

研究结果同时分析了风险厌恶零售商以 CVaR 利润最大化为目标的最优采购量对于其期望利润所产生的影响，证明了风险厌恶零售商在以 CVaR 利润最大化为目标的最优采购量下所得到的期望利润将随着零售商对风险厌恶程度的增大而减小。即对于风险厌恶零售商的最优采购决策而言，低风险意味着低的期望利润，而高的期望利润伴随着高风险，所以零售商在选择最优采购量时需要考虑上述两个目标之间的平衡问题。

本章的研究结果对于现实生活中零售商在延迟供货情形下以利润最大化为目标时的最优采购决策提供了一定的管理建议。证明了零售商对风险的不同偏爱程度对于其最优采购决策会产生一定的影响，从而为现实生活中具有不同风险偏爱的零售商的最优采购决策和风险管理提供了一定的指导和建议。

第四章　基于机会损失最小化目标的零售商的最优采购决策问题

在上一章，我们研究了延迟供货情形下零售商以利润最大化为目标时的最优采购决策问题。然而在现实生活中，由于市场需求的波动，零售商的实际采购量往往和市场的真实需求量之间存在一定的差距。许多零售商希望尽可能缩小这两者之间的差距，从而使自己的机会损失尽可能小。这种想法和不确定决策中的机会损失最小化准则的原理是一致的，即在现实生活中，当面对不确定环境时，最小化决策者的机会损失是人们经常采用的另一种决策准则。该准则指的是决策者在面对某一不确定情形时，首先给出某一方案的收益与该情形下的最佳收益之差作为该方案所造成的机会损失，然后从所有备选方案中选取造成最小机会损失的方案作为其最优方案。如果说利润最大化准则是决策者通过选择某一方案来获得最大的利润，则机会损失最小化准则指的是决策者选择某一方案来最小化自己的机会损失。目前，该准则已在现实生活中多个领域的最优决策中得到了广泛的应用（Adam，2005；Hassene，2009；Vladimiar 和 Gerhard，2010；Li 等，2012）。基于此，本章将对延迟供货情形下零售商以机会损失最小化为决策目标时的最优采购决策问题进行研究。我们将分别讨论风险中性零售商以期望机会损失最小化和风险厌恶零售商以 CVaR 机会损失最小化为目标时的最优采购决策问题。

一、基于期望机会损失最小化目标的零售商的最优采购决策

我们首先讨论延迟供货情形下，当风险中性零售商以期望机会损失最小化为决策目标时的最优采购决策问题。

对于延迟供货情形下零售商的最优采购决策问题，由第三章中的内容可知，面对随机的市场需求 ξ，当零售商的采购量为 q 时的实际利润函数为

$$P(q, \xi)=p\min\{q, \xi\}-cq+r(q-\xi)^{+}+w(p-c_s)(\xi-q)^{+}$$

同时容易得出，当零售商的采购量和市场的真实需求量相等时，即 $q=\xi$ 时，零售商可以获得最大利润，且其最大利润为：

$$P_m(q, \xi)=(p-c)\xi$$

则容易得出当市场需求为 ξ，而零售商采购量为 q 时的机会损失为：

$$\begin{aligned} O(q, \xi) &= P_m(q, \xi)-P(q, \xi) \\ &=(p-c)\xi-[p\min\{q, \xi\}-cq+r(q-\xi)^{+}+w(p-c_s)(\xi-q)^{+}] \end{aligned} \tag{4.1}$$

对于以期望机会损失最小化为目标的风险中性零售商而言，需要给出使其期望机会损失 $E[O(q, \xi)]$ 取得最小值的最优采购量。

实际上，由机会损失 $O(q, \xi)$ 的表达式（4.1）可知，因为 $(p-c)\xi$ 和 q 无关，所以选择采购量 q 来最小化零售商的期望机会损失 $E[O(q, \xi)]$ 就等价于选择采购量 q 来最大化零售商的期望利润 $E[P(q, \xi)]$。因此，使零

售商期望机会损失最小化的最优采购量和使得其期望利润最大化的最优采购量是等价的，我们有如下相关证明。

定理 4.1 在延迟供货情形下，以期望机会损失 $E[O(q,\ \xi)]$ 最小化为目标的风险中性零售商的最优采购量为：

$$q_2^* = \begin{cases} 0, & c_s \leqslant c_s^1 \\ F^{-1}\left(\dfrac{p-c-w(p-c_s)}{p-r-w(p-c_s)}\right), & c_s \geqslant c_s^1 \end{cases}$$

证明：在延迟供货情形下，对于零售商的采购量 q，由零售商的机会损失函数式（4.1）可得其实际机会损失为：

$$O(q,\ \xi)=(p-c)\xi-[p\min\{q,\ \xi\}-cq+r(q-\xi)^+ +w(p-c_s)(\xi-q)^+]$$

则由 $\min\{q,\ \xi\}=q-(q-\xi)^+$ 和 $(\xi-q)^+=\xi-q+(q-\xi)^+$ 可得：

$$O(q,\ \xi)=(p-c-w(p-c_s))\xi-(p-c-w(p-c_s))q+(p-r-w(p-c_s))(q-\xi)^+$$

则其期望机会损失为：

$$E[O(q,\ \xi)] = (p-c-w(p-c_s))E(\xi)-(p-c-w(p-c_s))q+ (p-r-w(p-c_s))\int_0^q (q-t)dF(t)$$

两边对 q 求导可得：

$$\frac{\partial E[P(q,\ \xi)]}{\partial q}=-(p-c-w(p-c_s))+(p-r-w(p-c_s))F(q)$$

因为零售商的期望机会损失 $E[O(q,\ \xi)]$ 关于 q 是凸函数，如果满足 $c_s \leqslant c_s^1$，则有：

$$\left.\frac{\partial E[P(q,\ \xi)]}{\partial q}\right|_{q=0}=-(p-c-w(p-c_s))\geqslant 0$$

则由 $q\geqslant 0$ 可知零售商的期望机会损失 $E[O(q,\ \xi)]$ 在 $q=0$ 处取得最大值。否则，如果满足 $c_s\geqslant c_s^1$，则有：

$$\left.\frac{\partial E[P(q,\ \xi)]}{\partial q}\right|_{q=0}=-(p-c-w(p-c_s))\leqslant 0$$

则零售商的期望机会损失 $E[O(q,\ \xi)]$ 在 $q>0$ 处取得最小值，且由一阶条件可知使得 $E[O(q,\ \xi)]$ 取最小值的最优采购量为：

$$q_2^*=F^{-1}\left(\frac{p-c-w(p-c_s)}{p-r-w(p-c_s)}\right)$$

证毕。

由该结论及第三章的定理 3.1 可知，在延迟供货情形下，使得零售商期望机会损失最小化的最优采购量 q_2^* 和使得其期望利润最大化的最优订量 q_1^* 是等价的，即

$$q_1^*=q_2^*$$

所以关于使得零售商期望机会损失最小化的最优采购量 q_2^* 的相关性质及其关于相关决策因素的变化情况，我们在此不再讨论。

二、基于 CVaR 机会损失最小化的零售商的最优采购决策

在上一节，我们讨论了风险中性零售商以期望机会损失最小化为目标时的最优采购决策问题。和第三章的分析一样，这样的最优采购决策对于风险厌恶型零售商而言是不适用的，因为该最优采购量忽略了对潜在风险的控制。因此，本节我们讨论风险厌恶零售商以机会损失最小化为目标时的最优采购决策问题。同样，我们用 CVaR 准则作为风险度量工具，讨论风险厌恶

零售商基于 CVaR 机会损失最小化的最优采购决策问题。

对于延迟供货情形下零售商的机会损失 $O(q, \xi)$ 而言，首先定义如下关于 $O(q, \xi)$ 的风险值：

$$VaR_\alpha[O(q, \xi)] = \inf\{ \mid \Pr(O(q, \xi) \leqslant \beta) \geqslant \alpha\}$$

其中，$\Pr(O(q, \xi) \leqslant \beta)$ 表示零售商的机会损失 $O(q, \xi)$ 不超过 β 的概率。上述风险值 $VaR_\alpha[O(q, \xi)]$ 给出了零售商在置信水平 α 下所要承担的最小机会损失。将该机会损失 $VaR_\alpha[O(q, \xi)]$ 作为零售商的目标机会损失，给出零售商关于机会损失 $O(q, \xi)$ 的条件风险值如下：

$$CVaR_\alpha[O(q, \xi)] = E[O(q, \xi) \mid O(q, \xi) \geqslant VaR_\alpha[O(q, \xi)]]$$

该 CVaR 目标 $CVaR_\alpha[O(q, \xi)]$ 给出了零售商的机会损失高于目标值 $VaR_\alpha[O(q, \xi)]$ 时的期望值。通过最小化上述 CVaR 目标 $CVaR_\alpha[O(q, \xi)]$，零售商可以有效地规避采购决策过程中存在的潜在风险。接下来，我们研究风险厌恶零售商基于上述 CVaR 机会损失最小化的最优采购决策问题。

（一）风险厌恶零售商的最优采购决策

定义 $A = F^{-1}\left[\dfrac{(1-\alpha)(p-c-w(p-c_s))}{p-r-w(p-c_s)}\right]$，$B = F^{-1}\left[\dfrac{(1-\alpha)(p-c-w(p-c_s))}{p-r-w(p-c_s)}+\alpha\right]$，显然满足 $A \leqslant B$。

对于给定的置信水平 α，风险厌恶零售商在延迟供货情形下基于 CVaR 机会损失最小化的最优采购决策由如下定理给出。

定理 4.2　在延迟供货情形下，以期望机会损失最小化为目标的零售商基于 CVaR 准则的最优采购量为：

$$q_2^{\alpha}=\begin{cases}0, & c_s\leqslant c_s^1\\ \dfrac{(c-r)A+(p-c-w(p-c_s))B}{p-r-w(p-c_s)}, & c_s\geqslant c_s^1\end{cases}$$

证明：首先，定义如下辅助函数：

$$k(q,\ v)=v+\frac{1}{1-\alpha}E[O(q,\ \xi)-v]^+$$

则由机会损失函数 $O(q,\ \xi)$ 的表达式（4.1）可得：

$$\begin{aligned}k(q,\ v)&=v+\frac{1}{1-\alpha}\int_0^{+\infty}[(p-c)\xi-[p\min\{q,\ \xi\}-cq+r(q-\xi)^++\\&\quad w(p-c_s)(\xi-q)^+]-v]^+\,dF(t)\\&=v+\frac{1}{1-\alpha}\int_0^{q}[(c-r)(q-t)-v]^+\,dF(t)+\\&\quad\frac{1}{1-\alpha}\int_q^{+\infty}[(p-c-w(p-c_s))(t-q)-v]^+\,dF(t)\end{aligned}\tag{4.2}$$

由 Rockafellar 和 Uryasev（2000）中的结论可知 $k(q,\ v)$ 关于 q 和 v 为凸函数。则使得风险厌恶零售商的 CVaR 机会损失最小化的最优采购量等价于求解如下最优化问题：

$$\min_{q\geqslant 0}[\min_{v\in R}k(q,\ v)]$$

接下来，我们求解上述最优化问题。分别讨论 $c_s\leqslant c_s^1$ 和 $c_s\geqslant c_s^1$ 两种情形。

情形 1：$c_s\leqslant c_s^1$。首先对于给定的 q，我们来求解问题 $\min\limits_{v\in R}k(q,\ v)$ 的最优解 v_2^*。分以下三种情形讨论：

情形 1)：$v\geqslant(c-r)q$。在该情形下，由式（4.2）可得：$k(q,\ v)=v$，则有：

$$\frac{\partial k(q,\ v)}{\partial v}=1>0$$

由函数 $k(q,\ \cdot)$ 的凸性可知最优解不在该情形取得。

情形 2)：$0\leqslant v<(c-r)q$。在该情形下，由式（4.2）可得：

$$k(q,\ v)=v+\frac{1}{1-\alpha}\int_0^{q-\frac{v}{c-r}}[(c-r)(q-t)-v]dF(t)$$

则有：

$$\frac{\partial k(q,\ v)}{\partial v}=1-\frac{1}{1-\alpha}F\left(q-\frac{v}{c-r}\right)$$

因为$\left.\frac{\partial k(q,\ v)}{\partial v}\right|_{v=(c-r)q}=1>0$，所以如果满足 $q\geqslant F^{-1}(1-\alpha)$，则有：

$$\left.\frac{\partial k(q,\ v)}{\partial v}\right|_{v=0}=1-\frac{1}{1-\alpha}F(q)\leqslant 0$$

则由$\frac{\partial k(q,\ v)}{\partial v}$的连续性可知最优化问题$\min\limits_{v\in R}k(q,\ v)$ 在 $[0,\ (c-r)q)$ 上存在最优解 v_2^*，且由一阶条件可知 v_2^* 满足：

$$1-\frac{1}{1-\alpha}F\left(q-\frac{v_2^*}{c-r}\right)=0$$

则当 $q\geqslant F^{-1}(1-\alpha)$ 时，最优化问题$\min\limits_{v\in R}k(q,\ v)$ 的最优解 v_2^* 为：

$$v_2^*=(c-r)(q-F^{-1}(1-\alpha))$$

情形 3)：$v\leqslant 0$。在该情形下，由式（4.2）可得：

$$k(q,\ v)=v+\frac{1}{1-\alpha}\int_0^{q}[(c-r)(q-t)-v]dF(t)+$$
$$\frac{1}{1-\alpha}\int_q^{q+\frac{v}{p-c-w(p-c_s)}}[(p-c-w(p-c_s))(t-q)-v]dF(t)$$

则有：

$$\frac{\partial k(q,\ v)}{\partial v}=1-\frac{1}{1-\alpha}F\left(q+\frac{v}{p-c-w(p-c_s)}\right)$$

所以当满足 $q\leqslant F^{-1}(1-\alpha)$ 时，下式成立：

$$\left.\frac{\partial k(q,\ v)}{\partial v}\right|_{v=0}=1-\frac{1}{1-\alpha}F(q)\geqslant 0$$

则由$\frac{\partial k(q,\ v)}{\partial v}$的连续性可知最优化问题$\min\limits_{v\in R}k(q,\ v)$在$(-\infty,\ 0]$上存在最优解$v_2^*$，且由一阶条件可知$v_2^*$满足：

$$1-\frac{1}{1-\alpha}F\left(q+\frac{v_2^*}{p-c-w(p-c_s)}\right)=0$$

则当$q\leqslant F^{-1}(1-\alpha)$时，最优化问题$\min\limits_{v\in R}k(q,\ v)$的最优解$v_2^*$为：

$$v_2^*=(p-c-w(p-c_s))(F^{-1}(1-\alpha)-q)$$

则根据以上的分析可知最优化问题$\min\limits_{v\in R}k(q,\ v)$的最优解$v_2^*$为：

$$v_2^*=\begin{cases}(c-r)(q-F^{-1}(1-\alpha)), & q\geqslant F^{-1}(1-\alpha)\\ (p-c-w(p-c_s))(F^{-1}(1-\alpha)-q), & q\leqslant F^{-1}(1-\alpha)\end{cases}\tag{4.3}$$

则求解问题$\min\limits_{q\geqslant 0}[\min\limits_{v\in R}k(q,\ v)]$等价于求解最优化问题$\min\limits_{q\geqslant 0}k(q,\ v_2^*)$，根据$v_2^*$的表达式分两种情形讨论：

情形 a：$q\geqslant F^{-1}(1-\alpha)$。在该情形下，由式（4.2）和式（4.3）可知：

$$k(q,\ v_2^*)=(c-r)(q-F^{-1}(1-\alpha))+\frac{1}{1-\alpha}\int_0^{F^{-1}(1-\alpha)}[(c-r)(F^{-1}(1-\alpha)-t)]dF(t)$$

则有：

$$\frac{\partial k(q,\ v_2^*)}{\partial q}=(c-r)>0$$

由于$k(q,\ v_2^*)$关于q是凸函数，所以$\max\limits_{q\geqslant 0}k(q,\ v_2^*)$在该情形下不会取得最优解。

情形 b：$q\leqslant F^{-1}(1-\alpha)$。在该情形下，由式（4.2）和式（4.3）可知：

$$k(q,\ v_2^*)=(p-c-w(p-c_s))(F^{-1}(1-\alpha)-q)+$$

$$\frac{1}{1-\alpha}\int_0^q[(p-r-w(p-c_s))q-(p-c-w(p-c_s))$$

$$F^{-1}(1-\alpha)-(c-r)t]dF(t)+$$

$$\frac{1}{1-\alpha}\int_q^{F^{-1}(1-\alpha)}[(p-c-w(p-c_s))(t-F^{-1}(1-\alpha))]dF(t)$$

则有：

$$\frac{\partial k(q,\ v_2^*)}{\partial q}=-(p-c-w(p-c_s))+\frac{(p-r-w(p-c_s))F(q)}{1-\alpha}\geqslant 0$$

注意到：

$$\left.\frac{\partial k(q,\ v_2^*)}{\partial q}\right|_{q=0}=-(p-c-w(p-c_s))\geqslant 0$$

由于 $k(q,\ v_2^*)$ 关于 q 是凹函数且满足 $q\geqslant 0$，则此时最优化问题 $\min\limits_{q\geqslant 0}k(q,\ v_2^*)$ 的最优解为：

$$q_2^{\alpha}=0$$

情形 2：$c_s\geqslant c_s^1$。首先对于给定的 q，我们来求解问题 $\min\limits_{v\in R}k(q,\ v)$ 的最优解 v_2^*。分以下三种情形讨论：

情形 1)：$v\geqslant(c-r)q$。在该情形下，由式（4.2）可得：

$$k(q,\ v)=v+\frac{1}{1-\alpha}\int_{q+\frac{v}{p-c-w(p-c_s)}}^{+\infty}[(p-c-w(p-c_s))(t-q)-v]dF(t)$$

则有：

$$\frac{\partial k(q,\ v)}{\partial v}=1-\frac{1}{1-\alpha}\left[1-F\left(q+\frac{v}{p-c-w(p-c_s)}\right)\right]$$

显然，因为 $\alpha\geqslant 0$，则 $\lim\limits_{v\to+\infty}\frac{\partial h(q,\ v)}{\partial v}>0$。所以当满足 $q\leqslant\frac{p-c-w(p-c_s)}{p-r-w(p-c_s)}F^{-1}(1-\alpha)$ 时，下式成立：

$$\frac{\partial k(q,\ v)}{\partial v}\bigg|_{v=(c-r)q}=1-\frac{1}{1-\alpha}\left[1-F\left(q+\frac{(c-r)q}{p-c-w(p-c_s)}\right)\right]\leqslant 0$$

则由$\frac{\partial k(q,\ v)}{\partial v}$的连续性可知最优化问题$\min\limits_{v\in R}k(q,\ v)$在$[0,\ (c-r)q)$上存在最优解$v_2^*$，且由一阶条件可知$v_2^*$满足：

$$1-\frac{1}{1-\alpha}\left[1-F\left(q+\frac{v_2^*}{p-c-w(p-c_s)}\right)\right]=0$$

即当$q\leqslant\frac{p-c-w(p-c_s)}{p-r-w(p-c_s)}F^{-1}(1-\alpha)$时，最优化问题$\min\limits_{v\in R}k(q,\ v)$的最优解$v_2^*$满足：

$$v_2^*=(p-c-w(p-c_s))(F^{-1}(\alpha)-q)$$

情形2)：$0\leqslant v<(c-r)q$。在该情形下，由式（4.2）可得：

$$k(q,\ v)=v+\frac{1}{1-\alpha}\int_0^{q-\frac{v}{c-r}}[(c-r)(q-t)-v]dF(t)+$$

$$\frac{1}{1-\alpha}\int_{q+\frac{v}{p-c-w(p-c_s)}}^{+\infty}[(p-c-w(p-c_s))(t-q)-v]dF(t)$$

则有：

$$\frac{\partial k(q,\ v)}{\partial v}=1-\frac{1}{1-\alpha}\left[1+F\left(q-\frac{v}{c-r}\right)-F\left(q+\frac{v}{p-c-w(p-c_s)}\right)\right]$$

因为$\frac{\partial k(q,\ v)}{\partial v}\bigg|_{v=0}=1-\frac{1}{1-\alpha}<0$，所以如果满足$q\geqslant\frac{p-c-w(p-c_s)}{p-r-w(p-c_s)}F^{-1}(1-\alpha)$，则有：

$$\frac{\partial k(q,\ v)}{\partial v}\bigg|_{v=(c-r)q}=1-\frac{1}{1-\alpha}\left[1-F\left(q+\frac{(c-r)q}{p-c-w(p-c_s)}\right)\right]\geqslant 0$$

则由$\frac{\partial k(q,\ v)}{\partial v}$的连续性可知最优化问题$\min\limits_{v\in R}k(q,\ v)$在$[0,\ (c-r)q)$上存在最优解$v_2^*$，且由一阶条件可知$v_2^*$满足：

$$1-\frac{1}{1-\alpha}\left[1+F\left(q-\frac{v_2^*}{c-r}\right)-F\left(q+\frac{v_2^*}{p-c-w(p-c_s)}\right)\right]=0$$

情形 3)：$v\leqslant 0$。在该情形下，由式（4.2）可得：

$$k(q,\ v)=v+\frac{1}{1-\alpha}\int_0^q[(c-r)(q-t)-v]dF(t)+$$

$$\frac{1}{1-\alpha}\int_q^{+\infty}[(p-c-w(p-c_s))(t-q)-v]dF(t)$$

则有：

$$\frac{\partial k(q,\ v)}{\partial v}=1-\frac{1}{1-\alpha}\leqslant 0$$

则由 $k(q,\ v)$ 的凸性可知问题 $\min\limits_{v\in R}k(q,\ v)$ 的最优解不在该情形下取得。

则根据以上的分析可知问题 $\min\limits_{v\in R}k(q,\ v)$ 的最优解 v_2^* 为：

$$v_2^*=\begin{cases}(p-c-w(p-c_s))(F^{-1}(1-\alpha)-q), & q\leqslant\dfrac{p-c-w(p-c_s)}{p-r-w(p-c_s)}F^{-1}(1-\alpha)\\ v^1, & q\geqslant\dfrac{p-c-w(p-c_s)}{p-r-w(p-c_s)}F^{-1}(1-\alpha)\end{cases}\tag{4.4}$$

其中 v^1 满足：

$$1-\frac{1}{1-\alpha}\left[1+F\left(q-\frac{v^1}{c-r}\right)-F\left(q+\frac{v^1}{p-c-w(p-c_s)}\right)\right]=0\tag{4.5}$$

则求解问题 $\min\limits_{q\geqslant 0}[\min\limits_{v\in R}k(q,\ v)]$ 等价于求解问题 $\min\limits_{q\geqslant 0}k(q,\ v_2^*)$，根据 v_2^* 的表达式分两种情形讨论：

情形 a：$q\leqslant\dfrac{p-c-w(p-c_s)}{p-r-w(p-c_s)}F^{-1}(1-\alpha)$。在该情形下，由式（4.3）和式（4.4）可知：

$$k(q,\ v_2^*)=(p-c-w(p-c_s))(F^{-1}(1-\alpha)-q)+$$

$$\frac{1}{1-\alpha}\int_{F^{-1}(\alpha)}^{+\infty}[(p-c-w(p-c_s))(t-F^{-1}(1-\alpha))]dF(t)$$

则有：

$$\frac{\partial k(q,\ v_2^*)}{\partial q}=-(p-c-w(p-c_s))$$

由于 $k(q,\ v_2^*)$ 关于 q 是凸函数，则如果满足 $c_s\leqslant c_s^1$，则有：

$$\frac{\partial k(q,\ v_2^*)}{\partial q}=(p-c-w(p-c_s))\geqslant 0$$

则由 $q\geqslant 0$ 可知 $\min\limits_{q\geqslant 0}k(q,\ v_2^*)$ 在 $q=0$ 处取得最小值。否则，如果满足 $c_s\geqslant c_s^1$，则有：

$$\frac{\partial k(q,\ v_2^*)}{\partial q}=(p-c-w(p-c_s))\leqslant 0$$

则问题 $\min\limits_{q\geqslant 0}k(q,\ v_2^*)$ 在该情形下不会取得最优解。

情形 b：$q\geqslant\dfrac{p-c-w(p-c_s)}{p-r-w(p-c_s)}F^{-1}(1-\alpha)$。在该情形下，由式（4.3）和式（4.4）可知：

$$k(q,\ v_2^*)=k(q,\ v^1)=v^1+\frac{1}{1-\alpha}\int_0^{q-\frac{v^1}{c-r}}[(c-r)(q-t)-v^1]dF(t)+$$

$$\frac{1}{1-\alpha}\int_{q+\frac{v^1}{p-c-w(p-c_s)}}^{+\infty}[(p-r-w(p-c_s))(t-q)-v^1]dF(t)$$

则

$$\frac{\partial h(q,\ v^1)}{\partial q}=\frac{1}{1-\alpha}\left[(c-r)F\left(q-\frac{v^1}{c-r}\right)-(p-c-w(p-c_s))\left(1-F\left(q+\frac{v^1}{p-c-w(p-c_s)}\right)\right)\right]$$

则由一阶条件可知问题 $\min\limits_{q\geqslant 0}k(q,\ v_2^*)$ 的最优解 q_2^α 满足：

$$\frac{1}{1-\alpha}\left[(c-r)F\left(q_2^\alpha-\frac{v^1}{c-r}\right)-(p-c-w(p-c_s))\left(1-F\left(q_2^\alpha+\frac{v^1}{p-c-w(p-c_s)}\right)\right)\right]=0 \tag{4.6}$$

则由式（4.5）和式（4.6）可以得出问题 $\min\limits_{q\geq 0} k(q,\ v_2^*)$ 的最优解为：

$$q_2^\alpha=\frac{(c-r)F^{-1}\left(\frac{(1-\alpha)(p-c-w(p-c_s))}{p-r-w(p-c_s)}\right)+(p-c-w(p-c_s))F^{-1}\left(\frac{(1-\alpha)(p-c-w(p-c_s))}{p-r-w(p-c_s)}+\alpha\right)}{p-r-w(p-c_s)}$$

证毕。

根据定理 4.2，我们得到了延迟供货情形下，风险厌恶零售商以 CVaR 机会损失最小化为目标时的最优采购量 q_2^α。容易验证当 $\alpha=0$ 时，q_2^α 就退化为风险中性零售商以期望机会损失最小化为目标时的最优采购决策 q_2^*。

显然，关于 q_2^α 和 q_2^* 之间的大小问题，可能满足 $q_2^\alpha\leqslant q_2^*$，也可能满足 $q_2^\alpha\geqslant q_2^*$。即延迟供货情形下，风险厌恶零售商基于 CVaR 机会损失最小化的最优采购量可能小于也可能大于风险中性零售商基于期望机会损失最小化的最优采购量。

同时，由定理 4.2 可得，当不考虑延迟供货时，即 $w=0$ 时，q_2^α 退化为：

$$q_2^{\alpha 0}=\frac{(c-r)F^{-1}\left(\frac{(1-\alpha)(p-c)}{p-r}\right)+(p-c)F^{-1}\left(\frac{(1-\alpha)(p-c)}{p-r}+\alpha\right)}{p-r}$$

即不考虑延迟供货时风险厌恶零售商基于 CVaR 机会损失最小化的最优采购量。显然满足：

$$q_2^\alpha\leqslant q_2^{\alpha 0}$$

对于以 CVaR 机会损失最小化为目标的风险厌恶零售商而言，其不考虑延迟供货时的最优采购量大于其考虑延迟供货时的最优采购量。即延迟供货可以减少零售商由于采购不足所带来的风险，所以零售商在延迟供货情形下会减少其采购量来规避潜在的风险。

接下来，我们对风险厌恶零售商基于 CVaR 机会损失最小化的最优采购量 q_2^{α} 关于相关决策因素（如商品的零售价和延迟供货率等）的变化情况进行分析和讨论。

（二）相关决策因素对零售商最优采购决策的影响

我们对上述延迟供货情形下零售商基于 CVaR 机会损失最小化的最优采购量 q_2^{α} 的相关性质进行分析，讨论当相关决策因素发生变化时，该最优采购量的变化情况。

推论 4.1 在延迟供货情形下，以机会损失最小化为目标的风险厌恶零售商基于 CVaR 准则的最优采购量 q_2^{α} 关于商品的零售价 p 和回收价 r 分别是单调增加的，而关于商品的批发价 c 是单调减少的。

证明：由定理 4.2 可得，如果满足 $c_s \leqslant c_s^1$，则有 $q_2^{\alpha}=0$。此时满足：

$$\frac{\partial q_2^{\alpha}}{\partial p}=0,\ \frac{\partial q_2^{\alpha}}{\partial c}=0,\ \frac{\partial q_2^{\alpha}}{\partial r}=0$$

否则，如果满足 $c_s \geqslant c_s^1$，则有：

$$q_2^{\alpha}=\frac{(c-r)A+(p-c-w(p-c_s))B}{p-r-w(p-c_s)}$$

则有：

$$\frac{\partial q_2^{\alpha}}{\partial p}=\frac{(1-\alpha)(c-r)}{(p-r-w(p-c_s))^3}\left(\frac{c-r}{f(A)}+\frac{p-c-w(p-c_s)}{f(B)}\right)+\frac{(c-r)(B-A)}{(p-r-w(p-c_s))^2}\geqslant 0$$

$$\frac{\partial q_2^{\alpha}}{\partial c}=-\left[\frac{1-\alpha}{(p-r-w(p-c_s))^3}\left(\frac{c-r}{f(A)}+\frac{p-c-w(p-c_s)}{f(B)}\right)+\frac{B-A}{(p-r-w(p-c_s))^2}\right]\leqslant 0$$

$$\frac{\partial q_2^{\alpha}}{\partial r}=\frac{(1-\alpha)(p-c-w(p-c_s))}{(p-r-w(p-c_s))^3}\left(\frac{c-r}{f(A)}+\frac{p-c-w(p-c_s)}{f(B)}\right)+$$

$$\frac{(p-c-w(p-c_s))(B-A)}{(p-r-w(p-c_s))^2}\geqslant 0$$

综上所述，则有：

$$\frac{\partial q_2^\alpha}{\partial p}\geqslant 0,\ \frac{\partial q_2^\alpha}{\partial c}\leqslant 0,\ \frac{\partial q_2^\alpha}{\partial r}\geqslant 0$$

即 q_2^α 关于商品的零售价 p 和回收价 r 是单调增加的，而关于商品的批发价 c 是单调减少的。证毕。

该结论表明：当商品的零售价和处理价增大时，风险厌恶零售商基于 CVaR 机会损失最小化的最优采购量也随之增大；反之，当商品的零售价和处理价减小时，风险厌恶零售商基于 CVaR 机会损失最小化的最优采购量也随之减小。实际上，对于以机会损失最小化为目标的零售商而言，我们可以分别给出其在采购过量和采购不足时的机会损失如下：

$$O_O=c-r,\ O_U=(1-w)(p-c)+w(c_s-c)=p-c-w(p-c_s)$$

所以当商品的零售价 p 增大时，O_O 不变而 O_U 增大，即采购过量机会损失不变而采购不足机会损失增大，所以为了减少其机会损失，零售商应当增加其采购量。而当商品的处理价 r 增大时，O_O 变小而 O_U 不变，即采购过量机会损失变小而采购不足机会损失不变，所以为了减小其机会损失，零售商应当增加其采购量。

同样，当商品的批发价 c 增大时，O_O 变大而 O_U 变小，即采购过量机会损失变大而采购不足机会损失变小，所以为了减小其机会损失，零售商应当减少其采购量。

推论 4.2　在延迟供货情形下，以机会损失最小化为目标的风险厌恶零售商基于 CVaR 准则的最优采购量 q_2^α 关于商品的延迟供货价 c_s 是单调增加的。

证明：由定理 4.2 可得，如果满足 $c_s \leqslant c_s^1$，则有 $q_2^\alpha = 0$。此时满足：

$$\frac{\partial q_2^\alpha}{\partial c_s} = 0$$

否则，如果满足 $c_s \geqslant c_s^1$，则有：

$$q_2^\alpha = \frac{(c-r)A + (p-c-w(p-c_s))B}{p-r-w(p-c_s)}$$

则有：

$$\frac{\partial q_2^\alpha}{\partial c_s} = \frac{w(1-\alpha)(c-r)}{(p-r-w(p-c_s))^3}\left(\frac{c-r}{f(A)} + \frac{p-c-w(p-c_s)}{f(B)}\right) + \frac{w(c-r)(B-A)}{(p-r-w(p-c_s))^2} \geqslant 0$$

综上所述，则有：

$$\frac{\partial q_2^\alpha}{\partial c_s} \geqslant 0$$

即 q_2^α 关于商品的延迟供货价 c_s 是单调增加的。证毕。

该结论表明：当商品的延迟供货价 c_s 增大时，风险厌恶零售商基于 CVaR 机会损失最小化的最优采购量也随之增大；反之，当商品的延迟供货价 c_s 减小时，风险厌恶零售商基于 CVaR 机会损失最小化的最优采购量也随之减小。由上述分析可知，以机会损失最小化为目标的零售商的采购过量机会损失和采购不足机会损失分别为：

$O_O = c-r$，$O_U = p-c-w(p-c_s)$

则当商品的延迟供货价 c_s 增大时，O_O 不变而 O_U 增大，即其采购过量机会损失不变而采购不足机会损失增大，所以为了减少其机会损失，零售商应当增加其采购量。

推论 4.3　在延迟供货情形下，以机会损失最小化为目标的风险厌恶零售商基于 CVaR 准则的最优采购量 q_2^α 关于商品的延迟供货率 w 是单调减少的。

证明： 由定理4.2可得，如果满足 $c_s \leqslant c_s^1$，则有 $q_2^\alpha = 0$。此时满足：

$$\frac{\partial q_2^\alpha}{\partial w} = 0$$

否则，如果满足 $c_s \geqslant c_s^1$，则有：

$$q_2^\alpha = \frac{(c-r)A + (p-c-w(p-c_s))B}{p-r-w(p-c_s)}$$

则有：

$$\frac{\partial q_2^\alpha}{\partial w} = -\left[\frac{(p-c_s)(1-\alpha)(c-r)}{(p-r-w(p-c_s))^3}\left(\frac{c-r}{f(A)} + \frac{p-c-w(p-c_s)}{f(B)}\right) + \frac{(p-c_s)(c-r)(B-A)}{(p-r-w(p-c_s))^2}\right] \leqslant 0$$

综上所述，则有：

$$\frac{\partial q_2^\alpha}{\partial w} \leqslant 0$$

即 q_2^α 关于商品的延迟供货率 w 是单调减少的。证毕。

该结论表明：当延迟供货情形下商品的延迟供货率 w 增大时，风险厌恶零售商基于CVaR机会损失最小化的最优采购量随之减少；反之，当商品的延迟供货率减小时，风险厌恶零售商基于CVaR机会损失最小化的最优采购量随之增大。由上述分析可知，以机会损失最小化为目标的零售商的采购过量机会损失和采购不足机会损失分别为：

$$O_O = c - r,\quad O_U = p - c - w(p - c_s)$$

则当延迟供货情形下商品的延迟供货率 w 增大时，O_O 不变而 O_U 减小，即零售商的采购过量机会损失不变而采购不足机会损失减小，所以为了减少其机会损失，零售商应当减少其采购量。

推论4.4　在延迟供货情形下，以机会损失最小化为目标的风险厌恶零售商基于CVaR准则的最优采购量 q_2^α 关于置信水平 α 可能是单调增加的，也可能是单调减少的。

证明：由定理 4.2 可得，如果满足 $c_s \leqslant c_s^1$，则有 $q_2^\alpha=0$。此时满足：

$$\frac{\partial q_2^\alpha}{\partial \alpha}=0$$

否则，如果满足 $c_s \geqslant c_s^1$，则有：

$$q_2^\alpha=\frac{(c-r)A+(p-c-w(p-c_s))B}{p-r-w(p-c_s)}$$

则有：

$$\frac{\partial q_1^\alpha}{\partial p}=\frac{(p-c-w(p-c_s))(c-r)}{(p-r-w(p-c_s))^2 f(A)f(B)}[f(A)-f(B)]$$

则$\frac{\partial q_2^\alpha}{\partial \alpha}$的正负取决于 $[f(A)-f(B)]$ 的正负。如果满足 $[f(A)-f(B)]\geqslant 0$，则有$\frac{\partial q_2^\alpha}{\partial \alpha}\geqslant 0$，即 q_2^α 关于置信水平 α 为单调增加的；否则，如果满足 $[f(A)-f(B)]\leqslant 0$，则有$\frac{\partial q_2^\alpha}{\partial \alpha}\leqslant 0$，即 q_2^α 关于置信水平 α 为单调减少的。证毕。

该结论表明：当零售商的置信水平 α 增大时，即零售商对风险的厌恶程度增加时，其基于 CVaR 机会损失最小化的最优采购量可能增大也可能减小。实际上，由上述分析可知，以机会损失最小化为目标的零售商的采购过量机会损失和采购不足机会损失分别为：

$O_O=c-r$，$O_U=p-c-w(p-c_s)$

因为由采购过量所造成的机会损失和由采购不足所造成的机会损失往往是不相同的，所以当零售商对风险的厌恶程度增大时，两者中较大的部分便成为决定零售商最优采购量变化方向的关键因素。如果满足 $O_O\geqslant O_U$，即零售商的采购过量机会损失要大于其采购不足机会损失，则当零售商对风险厌恶程度增加时，其应当给出较小的采购量，即 q_2^α 关于置信水平 α 为单调减

少的。反之，如果满足 $O_O \leqslant O_U$，即零售商的采购过量机会损失要小于其采购不足机会损失，则当零售商对风险厌恶程度增加时，应当给出较大的采购量，即 q_2^α 关于置信水平 α 为单调增加的。我们通过如下例子来展示该结论。

例 4.1　考虑如下延迟供货情形下零售商的最优采购决策问题：假设某商品的市场需求 ξ 服从正态分布 N（1000，100^2），商品的零售价、处理价和延迟供货价格分别为 10 元、2 元和 8 元，缺货情形下商品的延迟供货率为 0.5。分别计算当批发价格为 $c=7$（$O_O>O_U$）和 $c=5$（$O_O<O_U$）时风险厌恶零售商基于 CVaR 机会损失最小化的最优采购量在不同置信水平下的值，所得结果如图 4.1 和图 4.2 所示。

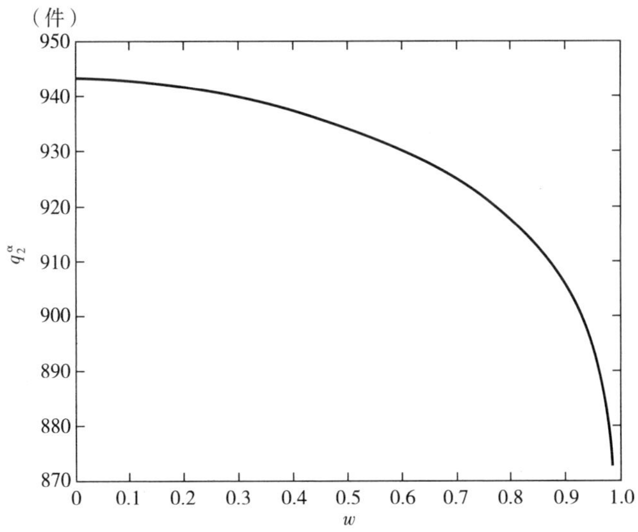

图 4.1　$c=7$ 时的最优采购量 q_2^α

由图 4.1 可知，当商品的批发价格为 7 元时，即零售商的采购过量机会损失大于其采购不足机会损失时，风险厌恶零售商基于 CVaR 机会损失最小化的最优采购量 q_2^α 关于置信水平 α 为单调减少的。由图 4.2 可知，当商品的批发价格为 5 元时，即零售商的采购过量机会损失小于其采购不足机会损失时，风险厌恶零售商于 CVaR 机会损失最小化的最优采购量 q_2^α 关于置信水平 α 为单调增加的。

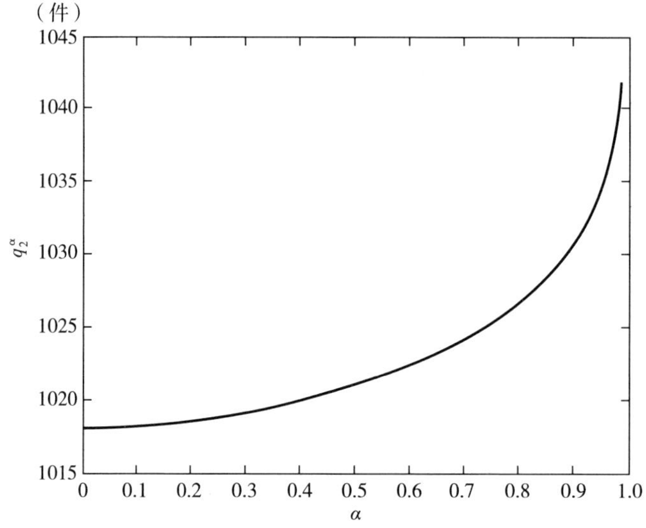

图 4.2　$c=5$ 时的最优采购量 q_2^α

（三）风险厌恶程度对零售商期望机会损失的影响

在上文中，我们分别研究了风险中性零售商基于期望机会损失最小化和风险厌恶零售商基于 CVaR 机会损失最小化的最优采购决策问题。研究结果表明风险厌恶零售商基于 CVaR 机会损失最小化的最优采购量可能小于也可

能大于风险中性零售商基于期望机会损失最小化的最优采购量，这取决于零售商采购过量和采购不足所造成的机会损失之间的大小。如果零售商的采购过量机会损失大于其采购不足机会损失，则风险厌恶零售商基于 CVaR 机会损失最小化的最优采购量小于风险中性零售商基于期望机会损失最小化的最优采购量。反之，如果零售商的采购过量机会损失小于其采购不足机会损失，则风险厌恶零售商基于 CVaR 机会损失最小化的最优采购量大于风险中性零售基于期望机会损失最小化的最优采购量。另外，随着置信水平的增加即零售商对风险厌恶程度的增加，零售商基于 CVaR 机会损失最小化的最优采购量可能增大也可能减小。那么，在上述延迟供货情形下，风险中性零售商为了控制其所面临的潜在风险而减少或增加采购量会对其期望机会损失和期望利润会带来什么影响？对此，我们有如下结论：

定理 4.3　在延迟供货情形下，风险厌恶零售商基于 CVaR 机会损失最小化的最优采购量所对应的期望机会损失 $E[O(q_2^\alpha, \xi)]$ 关于零售商的置信水平 α 是单调增加的。

证明： 由式（4.1）可得延迟供货情形下零售商在市场需求为 ξ 而采购量为 q 时的机会损失为：

$$O(q, \xi)=(p-c)\xi-[p\min\{q, \xi\}-cq+r(q-\xi)^{+}+w(p-c_s)(\xi-q)^{+}]$$

则由 $\min\{q, \xi\}=q-(q-\xi)^{+}$ 和 $(\xi-q)^{+}=\xi-q+(q-\xi)^{+}$ 可得：

$$O(q, \xi)=(p-c-w(p-c_s))(\xi-q)+(p-r-w(p-c_s))(q-\xi)^{+}$$

则有：

$$E[O(q, \xi)] = (p - c - w(p - c_s))(E(\xi) - q) + (p - r - w(p - c_s))\int_0^q (q - t)dF(t)$$

上式两边同时对 α 求导可得：

$$\frac{\partial E[O(q_2^\alpha,\ \xi)]}{\partial\alpha}=[(p-r-w(p-c_s))F(q_2^\alpha)-(p-c-w(p-c_s))]\frac{\partial q_2^\alpha}{\partial\alpha} \tag{4.7}$$

根据定理 4.2，如果 $c_s \leqslant c_s^1$ 成立，则有 $q_2^\alpha=0$，则根据式（4.7）可得：

$$\frac{\partial E[O(q_2^\alpha,\ \xi)]}{\partial\alpha}=0$$

否则，如果 $c_s \geqslant c_s^1$ 成立，则有：

$$q_2^\alpha=\frac{(c-r)A+(p-c-w(p-c_s))B}{p-r-w(p-c_s)}$$

根据推论 4.4，如果最优采购量 q_2^α 关于置信水平 α 是单调增加的，则有 $\frac{\partial q_2^\alpha}{\partial\alpha}\geqslant 0$ 且满足 $q_2^\alpha \geqslant q_2^*$。同时，根据 $q_2^*=F^{-1}\left(\frac{p-c-w\ (p-c_s)}{p-r-w\ (p-c_s)}\right)$ 可得：

$$(p-r-w(p-c_s))F(q_2^*)-(p-c-w(p-c_s))=0 \tag{4.8}$$

则由 $q_2^\alpha \geqslant q_2^*$ 及式（4.8）可得：

$$(p-r-w(p-c_s))F(q_2^\alpha)-(p-c-w(p-c_s))\geqslant$$
$$(p-r-w(p-c_s))F(q_2^*)-(p-c-w(p-c_s))=0 \tag{4.9}$$

则由式（4.7）、式（4.9）和$\frac{\partial q_2^\alpha}{\partial\alpha}\geqslant 0$可得：

$$\frac{\partial E[O(q_2^\alpha,\ \xi)]}{\partial\alpha}\geqslant 0$$

反之，如果最优采购量 q_2^α 关于置信水平 α 是单调减少的，则有$\frac{\partial q_2^\alpha}{\partial\alpha}\leqslant 0$ 且满足 $q_2^\alpha \leqslant q_2^*$，则有：

$$(p-r-w(p-c_s))F(q_2^\alpha)-(p-c-w(p-c_s))\leqslant$$
$$(p-r-w(p-c_s))F(q_2^*)-(p-c-w(p-c_s))=0 \tag{4.10}$$

则由式（4.7）、式（4.10）和$\frac{\partial q_2^\alpha}{\partial\alpha}\leqslant 0$可得：

$$\frac{\partial E[O(q_2^{\alpha}, \xi)]}{\partial \alpha} \geqslant 0$$

所以，无论零售商的最优采购量 q_2^{α} 关于置信水平 α 是单调增加的还是减少的，都满足：

$$\frac{\partial E[O(q_2^{\alpha}, \xi)]}{\partial \alpha} \geqslant 0$$

即零售商基于 CVaR 机会损失最小化的最优采购量所对应的期望机会损失 $E[O(q_2^{\alpha}, \xi)]$ 关于零售商的置信水平 α 是单调增加的。证毕。

该结论说明风险厌恶零售商基于 CVaR 机会损失最小化的最优采购量所对应的期望机会损失 $E[O(q_2^{\alpha}, \xi)]$ 将随着零售商的置信水平 α 的增加而增大。随着零售商置信水平 α 的增加即零售商对风险厌恶水平的增大，零售商给出的采购量将面临较小的潜在风险，但是这样的采购量也意味着零售商将会面临着较高的期望机会损失。即对于风险厌恶零售商而言，其风险最小化和机会损失最小化是相互矛盾的，如果风险厌恶零售商希望通过选择一个采购量来减少其面临的潜在风险，则同时面临着较高的期望机会损失；反之，如果风险厌恶零售商希望通过选择一个采购量来给出较低的期望机会损失，则同时会面临较大的潜在风险。

进一步地，关于风险厌恶零售商基于 CVaR 机会损失最小化的最优采购量所对应的期望利润 $E[P(q_2^{\alpha}, \xi)]$ 关于零售商的置信水平 α 的变化情况，我们有如下结论：

定理 4.4　在延迟供货情形下，风险厌恶零售商基于 CVaR 机会损失最小化的最优采购量所对应的期望利润 $E[P(q_2^{\alpha}, \xi)]$ 关于零售商的置信水平 α 是单调减少的。

证明： 由式（3.1）可得零售商在市场需求为 ξ 而采购量为 q 时的利润

函数为：

$$P(q,\ \xi)=p\min\{q,\ \xi\}-cq+r(q-\xi)^{+}+w(p-c_s)(\xi-q)^{+}$$

则有：

$$E[P(q,\ \xi)]=(p-c-w(p-c_s))q+w(p-c_s)E(\xi)-(p-r-w(p-c_s))\int_0^q(q-t)dF(t)$$

上式两边同时对 α 求导可得：

$$\frac{\partial E[P(q_2^\alpha,\ \xi)]}{\partial\alpha}=[p-c-w(p-c_s)-(p-r-w(p-c_s))F(q_2^\alpha)]\frac{\partial q_2^\alpha}{\partial\alpha}\tag{4.11}$$

根据定理 4.2 的结论，如果 $c_s\leqslant c_s^1$ 成立，则有 $q_2^\alpha=0$，则根据式（4.11）可得：

$$\frac{\partial E[P(q_2^\alpha,\ \xi)]}{\partial\alpha}=0$$

反之，如果 $c_s\geqslant c_s^1$ 成立，则有：

$$q_2^\alpha=\frac{(c-r)A+(p-c-w(p-c_s))B}{p-r-w(p-c_s)}$$

根据推论 4.4，如果最优采购量 q_2^α 关于置信水平 α 是单调增加的，则有 $\frac{\partial q_2^\alpha}{\partial\alpha}\geqslant 0$ 且满足 $q_2^\alpha\geqslant q_2^*=F^{-1}\left(\frac{p-c-w(p-c_s)}{p-r-w(p-c_s)}\right)$，则有：

$$\begin{aligned}&p-c-w(p-c_s)-(p-r-w(p-c_s))F(q_2^\alpha)\leqslant\\&p-c-w(p-c_s)-(p-r-w(p-c_s))F(q_2^*)=0\end{aligned}\tag{4.12}$$

则由式（4.11）、式（4.12）和$\frac{\partial q_2^\alpha}{\partial\alpha}\geqslant 0$可得：

$$\frac{\partial E[P(q_2^\alpha,\ \xi)]}{\partial\alpha}\leqslant 0$$

反之，如果最优采购量 q_2^α 关于置信水平 α 是单调减少的，则有 $\frac{\partial q_2^\alpha}{\partial \alpha} \leqslant 0$ 且满足 $q_2^\alpha \leqslant q_2^* = F^{-1}\left(\frac{p-c-w(p-c_s)}{p-r-w(p-c_s)}\right)$，则有：

$$p-c-w(p-c_s)-(p-r-w(p-c_s))F(q_2^\alpha) \geqslant$$

$$p-c-w(p-c_s)-(p-r-w(p-c_s))F(q_2^*)=0 \tag{4.13}$$

则由式（4.11）、式（4.13）和 $\frac{\partial q_2^\alpha}{\partial \alpha} \leqslant 0$ 可得：

$$\frac{\partial E[P(q_2^\alpha, \xi)]}{\partial \alpha} \geqslant 0$$

所以，无论风险厌恶零售商的最优采购量 q_2^α 关于置信水平 α 是单调增加的还是减少的，都满足：

$$\frac{\partial E[P(q_2^\alpha, \xi)]}{\partial \alpha} \leqslant 0$$

即风险厌恶零售商基于 CVaR 机会损失最小化的最优采购量 q_2^α 所对应的期望利润 $E[P(q_2^\alpha, \xi)]$ 关于零售商的置信水平 α 是单调减少的。证毕。

该结论说明风险厌恶零售商基于 CVaR 机会损失最小化的最优采购量所对应的期望利润 $E[P(q_2^\alpha, \xi)]$ 将随着零售商的置信水平 α 的增加而减小。随着零售商置信水平 α 的增加即零售商对风险厌恶程度的增大，零售商给出的最优采购量将面临较小的风险，但是该最优采购量也意味着零售商将会得到较低的期望利润。即对于风险厌恶零售商而言，其风险最小化和利润最大化是相互矛盾的，如果风险厌恶零售商希望通过选择一个最优采购量来减少其面临的潜在风险，则同时面临着较低的期望利润；反过来，如果风险厌恶零售商希望通过选择一个最优采购量来得到较高的期望利润，则同时会面临较大的潜在风险。

三、案例分析

我们对山东省××市某大型超市另一品牌面包的销售情况进行了分析和调研。对该品牌面包的销售情况以4天为一个进货及销售周期进行统计。根据统计资料显示该品牌面包在一个周期内的销售量服从正态分布N（1000，100^2）。另外，该品牌面包的单位批发价和零售价分别为7元和10元，如果采购的面包在一个销售周期内有剩余，则每个剩余面包以2元的价格处理掉。同时，在缺货情形下，顾客同意需求延迟供给时，则对于该超市来说每个面包的成本为在批发价的基础上需另付1.0元的紧急加工费用。同时，缺货情形下顾客接受延迟供货的比率大约为60%。接下来，我们用本章所得到的结论研究该超市关于该类品牌面包在延迟供给情形下分别基于期望机会损失最小化和CVaR机会损失最小化时的最优采购决策问题并给出相应的灵敏度分析。

根据统计资料可知，对于该类品牌面包，其批发价c为7元，零售价p为10元，处理价r为2元，延迟供货价格c_s为批发价加上紧急加工费用，为8元，缺货情形下商品的延迟供货率为60%。我们分别计算当上述参数发生变化时，该超市以期望机会损失最小化和CVaR机会损失最小化为目标时的最优采购量q_2^*和q_2^{α}，并进行相应的灵敏度分析。

基于$c=7$、$r=2$、$c_s=8$、$w=0.6$和$\alpha=0.5$，分别计算在不同零售价p下该超市基于期望机会损失最小化和CVaR机会损失最小化的最优采购量q_2^*和q_2^{α}，所得结果如图4.3所示。由图4.3可知，在延迟供货情形下，对于不

同的零售价 p，该超市以期望机会损失最小化为目标时的最优采购量 q_2^* 要大于其以 CVaR 机会损失最小化为目标时的最优采购量 q_2^α。同时，两个最优采购量 q_2^* 和 q_2^α 均随着零售价 p 的增加而增大，两者之差随着零售价 p 的增加而减小。

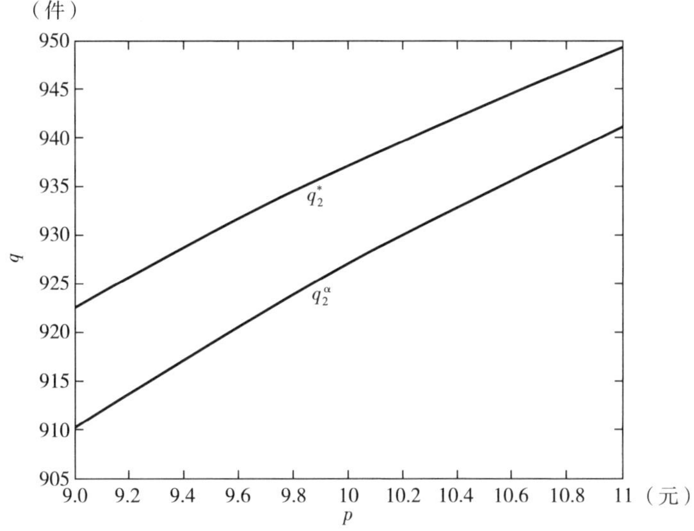

图 4.3 不同零售价 p 下该超市的最优采购量 q_2^* 和 q_2^α

基于 $p=10$、$r=2$、$c_s=8$、$w=0.6$ 和 $\alpha=0.5$，分别计算在不同批发价 c 下该超市基于期望机会损失最小化和 CVaR 机会损失最小化的最优采购量 q_2^* 和 q_2^α，所得结果如图 4.4 所示。由图 4.4 可知，在延迟供货情形下，对于不同的批发价 c，该超市以期望机会损失最小化为目标时的最优采购量 q_2^* 要大于其以 CVaR 机会损失最小化为目标时的最优采购量 q_2^α。同时，两个最优采购量 q_2^* 和 q_2^α 均随着批发价 c 的增加而减小，且两者之差随着批发价 c 的增加而增大。

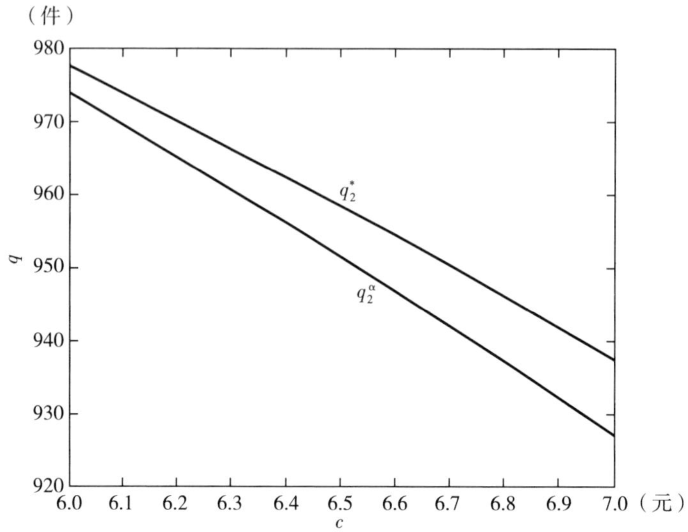

图 4.4　不同批发价 c 下该超市的最优采购量 q_2^* 和 q_2^α

基于 $p=10$、$c=7$、$c_s=8$、$w=0.6$ 和 $\alpha=0.5$，分别计算在不同处理价 r 下该超市基于期望机会损失最小化和 CVaR 机会损失最小化的最优采购量 q_2^* 和 q_2^α，所得结果如图 4.5 所示。由图 4.5 可知，在延迟供货情形下，对于不同的处理价 r，该超市以期望机会损失最小化为目标时的最优采购量 q_2^* 要大于其以 CVaR 机会损失最小化为目标时的最优采购量 q_2^α。同时，两个最优采购量 q_2^* 和 q_2^α 均随着处理价 r 的增加而增大，两者之差随着处理价 r 的增加而减小。

基于 $p=10$、$c=7$、$r=2$、$w=0.6$ 和 $\alpha=0.5$，分别计算在不同延迟供货价 c_s 下该超市基于期望机会损失最小化和 CVaR 机会损失最小化的最优采购量 q_2^* 和 q_2^α，所得结果如图 4.6 所示。由图 4.6 可知，在延迟供货情形下，对于不同的延迟供货价 c_s，该超市以期望机会损失最小化为目标时的最优采购

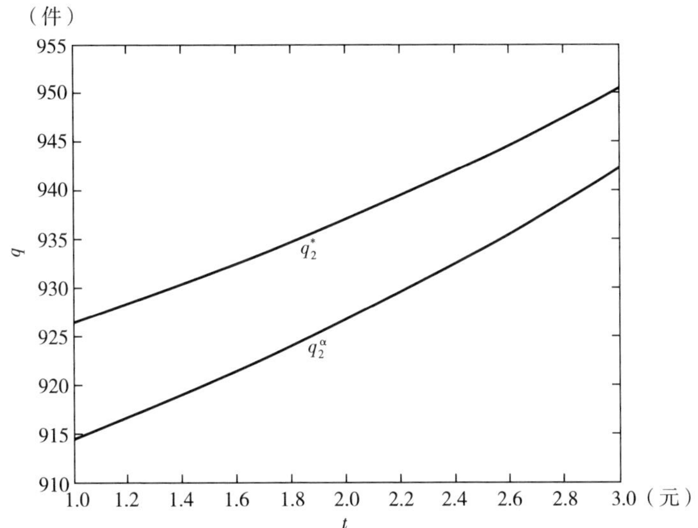

图 4.5　不同处理价 r 下该超市的最优采购量 q_2^* 和 q_2^α

量 q_2^* 要大于其以 CVaR 机会损失最小化为目标时的最优采购量 q_2^α。同时，两个最优采购量 q_2^* 和 q_2^α 均随着延迟供货价 c_s 的增加而增大，两者之差随着延迟供货价 c_s 的增加而减小。

基于 $p=10$、$c=7$、$r=2$、$c_s=8$ 和 $\alpha=0.5$，分别计算在不同延迟供货率 w 下该超市基于期望机会损失最小化和 CVaR 机会损失最小化的最优采购量 q_2^* 和 q_2^α，所得结果如图 4.7 所示。由图 4.7 可知，在延迟供货情形下，对于不同的延迟供货率 w，该超市以期望机会损失最小化为目标时的最优采购量 q_2^* 要大于其以 CVaR 机会损失最小化为目标时的最优采购量 q_2^α。同时，两个最优采购量 q_2^* 和 q_2^α 均随着延迟供货率 w 的增加而减小，且两者之差随着延迟供货率 w 的增加而增大。

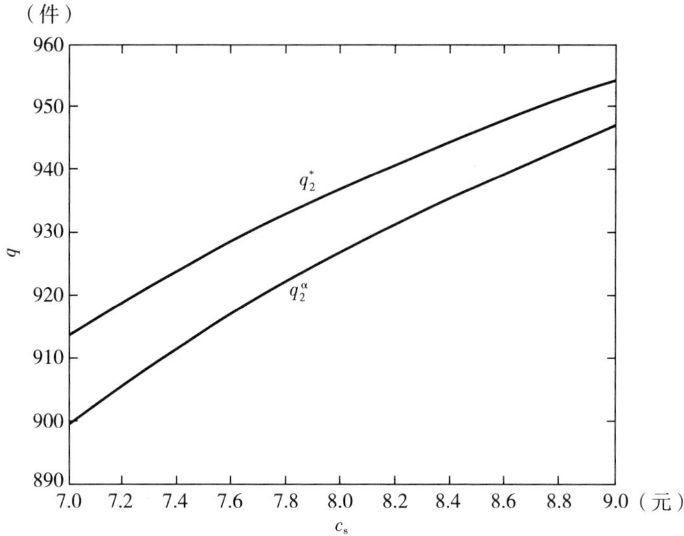

图 4.6　不同延迟供货价 c_s 下该超市的最优采购量 q_2^* 和 q_2^α

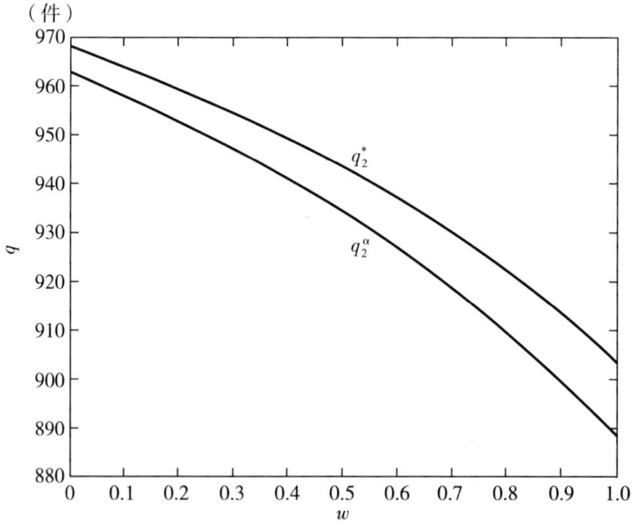

图 4.7　不同延迟供货率 w 下该超市的最优采购量 q_2^* 和 q_2^α

基于 $p=10$、$c=7$、$r=2$、$c_s=8$ 和 $w=0.6$，分别计算在不同置信水平 α 下该超市基于期望机会损失最小化和 CVaR 机会损失最小化的最优采购量 q_2^* 和 q_2^α，所得结果如图 4.8 所示。由图 4.8 可知，在延迟供货情形下，对于不同的置信水平 α，该超市以期望机会损失最小化为目标时的最优采购量 q_2^* 为一固定值且要大于其以 CVaR 机会损失最小化为目标时的最优采购量 q_2^α。同时，q_2^α 随着置信水平 α 的增加而减小，最优采购量 q_2^* 和 q_2^α 之差也随着置信水平 α 的增加而增大。

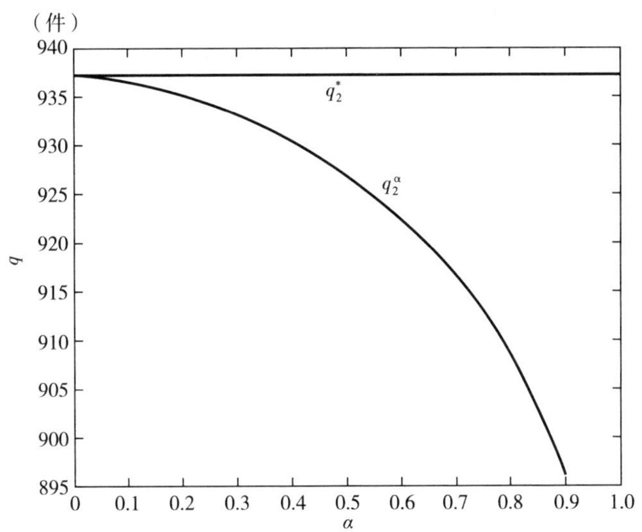

图 4.8　不同置信水平 α 下该超市的最优采购量 q_2^* 和 q_2^α

上述案例的数值结果验证了本章所得到的关于最优采购量 q_2^* 和 q_2^α 的相关性质和结论，也对于超市的采购策略给予了相应的指导和建议。在本案例中，容易得出：

$$O_O=c-r=5，\ O_U=p-c-w(p-c_s)=1.8$$

即超市的采购过量机会损失要大于采购不足机会损失。所以，相对于期望机会损失最小化而言，如果该超市更加注重对风险的控制，则应当给出较小的采购量来规避相应的风险，但是较小的采购量也意味着较高的期望机会损失和较低的期望利润。当面包的零售价或者处理价增大时，意味着零售商的采购不足机会损失和采购过量机会损失分别增大和减小，则超市应当增加其采购量以减少相应的机会损失。当面包的批发价增大时，意味着零售商的采购不足损失和采购过量损失分别减小和增大，则超市应当减少其采购量以减少相应的机会损失。当延迟供货情形下面包紧急加工价格上涨时，意味着零售商为延迟供货而承担的成本增大，则超市应当增大其采购量以减少延迟供货及其带来的相应机会损失。当延迟供货率增大时，意味着零售商在缺货情形下的机会损失变小，则超市应当减少其采购量以减少相应的机会损失。当超市对风险的厌恶程度增大时，应当减少采购量以减少采购过量所带来的机会损失。

四、本章小结

本章分别研究了延迟供货情形下，风险中性零售商以期望机会损失最小化和风险厌恶零售商以 CVaR 机会损失最小化为目标时的最优采购决策问题。分析了所得到的结果与现有结论之间的关系，讨论了上述最优采购策略在相关因素（如商品的批发价、延迟供货率等）发生变化时的变化情况。研究了风险厌恶零售商在其 CVaR 机会损失最小化的最优采购量下所对应的期望机会损失和期望利润与其风险厌恶程度之间的关系。最后，通过相关案例分析验证了所得到的相关结论。

根据与现有结果的比较分析可以看到延迟供货情形下零售商以期望机会损失最小化为目标时的最优采购量和以期望利润最大化为目标时的最优采购量是等价的。且该最优采购量要小于不考虑延迟供货情形下零售商以期望机会损失最小化为目标的最优采购量。即延迟供货减少了由采购不足所造成的机会损失，降低了采购不足所带来的风险，所以导致零售商在该情形下将会给出较低的采购量。

研究结果同时表明风险中性零售商以期望机会损失最小化为目标的最优采购量可能小于也可能大于风险厌恶零售商以 CVaR 机会损失最小化为目标的最优采购量。这是因为不同于只有采购过量会给零售商带来利润损失，采购过量和采购不足均会产生机会损失，而两者之间的大小比较将会决定风险厌恶零售商的最优采购量的变化方向。如果采购过量所带来的机会损失大于采购不足所带来的机会损失，则风险厌恶零售商将会给出较小的采购量；相反，即如果采购过量所带来的机会损失小于采购不足所带来的机会损失，则风险厌恶零售商将会给出较大的采购量。

研究结果同时给出了上述两个最优采购量在相关因素发生变化时的变化情况。例如，上述两个最优采购量均随着商品零售价的增大而增大，随着商品批发价的增大而减小。特别地，研究结果表明风险厌恶零售商以 CVaR 机会损失最小化为目标的最优采购量关于零售商的置信水平可以是单调减少的也可以是单调增加的。即零售商对风险的厌恶程度越大，其基于 CVaR 机会损失最小化的采购量可能越小也可能越大，这同样取决于其采购过量机会损失和采购不足机会损失之间的大小比较。

研究结果同时分析了风险厌恶零售商以 CVaR 机会损失最小化为目标的最优采购量对于其期望机会损失和期望利润所产生的影响，证明了风险厌恶零售商在以 CVaR 机会损失最小化为目标的最优采购量下所得到的期望机会损失将随着零售商对风险厌恶程度的增大而增大。即对于风险厌恶零售商的最优采购决策而言，低风险意味着高的期望机会损失，而低的期望机会损失伴随高风险。同样，证明了风险厌恶零售商在以 CVaR 机会损失最小化为目标的最优采购量下所得到的期望利润将随着零售商对风险厌恶程度的增大而减小。即对于风险厌恶零售商的最优采购决策而言，低风险意味着低的期望利润，而高的期望利润伴随高风险。

本书的研究结果对于现实生活中零售商在延迟供货情形下以机会损失最小化为目标时的最优采购决策提供了一定的管理建议。研究结果表明对风险的不同偏爱程度对于零售商的最优采购决策会产生不同的影响，从而为现实生活中具有不同风险偏爱的零售商在延迟供货情形下的最优采购决策及风险管理提供了一定的指导和建议。

第五章　基于损失厌恶效用最大化目标的零售商的最优采购决策问题

近年来，损失厌恶作为由 Kahneman 和 Tversky（1979）提出的“前景理论”的一个重要理论基石，被广泛应用到现实生活中的如决策、生产和供给、投资等多个领域。该理论可以有效解释一些传统经济学认为的异常现象，同时得到了大量实验、实证和若干学者的支持。因此，Kahneman 等由于对于该理论做出的原创性贡献而获得了 2002 年度的诺贝尔经济学奖。

损失厌恶是指当人们面对同样数量的收益和损失时，相对于收益来说会觉得损失令他们更加难以接受。这反映了现实生活中许多人在不确定情形下做决策时所持有的态度。比如，在赌博活动中，假设会出现两种结果：一是以 100%的概率赢得 3000 美元；二是分别以 80%和 20%的概率赢得 5000 美元和输掉 2000 美元。则大多数人会选择前者而不是后者。虽然后者的期望收益为 3600 美元，要大于前者的 3000 美元，但是因为后者会出现有损失的风险，而前者不会有任何损失风险。因此，许多学者采用损失厌恶理论来研究现实生活中零售商的最优决策问题并得到了许多有趣的结论。如 Schweitzer 和 Cachon（2000）研究了经典报童模型中损失厌恶零售商在不考虑缺货惩罚时的最优采购决策，发现损失厌恶零售商以期望效用最大化为目标时的最优采购数量要严格小于风险中性零售商以期望利润最大化为目标时的最优采购数量，而且会随着损失厌恶程度的增加而减少。Wang 和 Webster（2009）则在 Schweitzer 和 Cachon（2000）的基础上进一步考虑了缺货惩罚对损失厌恶零售商最优采购决策的影响，发现当缺货惩罚较低时，损失厌恶零售商基于期望效用最大化的最优采购数量小于风险中性零售商基于期望利润最大化的最优采购数量，且随着损失厌恶程度的增加而降低；相反，当缺货惩罚较高时，损失厌恶零售商基于期望效用最大化的最优采购数量大于风险中性零售商基于期望利润最大化的最优采购数量，且随着损失厌恶程度的增加而增加。另外，沈厚才等（2004）和文平（2005）也分别研究了损失厌恶制造商和损失厌恶零售商的最优决策问题，分析了损失厌恶对他们的最优决策所带来的影响。

然而，现有关于损失厌恶零售商的最优采购决策的研究都没有考虑延迟供货的情形。因此，考虑到现实生活中的延迟供货现象变得越来越普遍，本章对损失厌恶零售商在延迟供货情形下的最优采购决策问题进行研究，分别讨论损失厌恶零售商以期望效用最大化和以 CVaR 效用最大化为目标时的最优采购决策问题。

一、基于期望效用最大化目标的损失厌恶零售商的最优采购决策

我们首先讨论延迟供货情形下，当损失厌恶零售商以期望效用最大化为决策目标时的最优采购决策问题。根据第三章中的式（3.1）可以给出零售商在市场需求为 ξ 而采购量为 q 时的利润函数为：

$$P(q,\ \xi)=p\min\{q,\ \xi\}-cq+r(q-\xi)^{+}+w(p-c_s)(\xi-q)^{+}$$

为了刻画零售商的损失厌恶特性，针对零售商的利润函数 $P(q,\ \xi)$，本节引入如下由 Schweitzer 和 Cachon（2000）与 Wang 和 Webster（2009）给出的损失厌恶效用函数：

$$U(q,\ \xi)=\begin{cases}P(q,\ \xi), & P(q,\ \xi)\geqslant 0\\ \lambda P(q,\ \xi), & P(q,\ \xi)\leqslant 0\end{cases} \tag{5.1}$$

其中，λ 为零售商的损失厌恶系数且满足 $\lambda\geqslant 1$。λ 越大，说明零售商对损失的厌恶程度越高。反之，意味着零售商对损失的厌恶程度越低。

下面我们先研究使损失厌恶零售商的期望效用 $E[U(q,\ \xi)]$ 最大化的最优采购决策问题。

（一）零售商以期望效用最大化为目标的最优采购决策

对于延迟供货情形下，损失厌恶零售商以期望效用 $E[U(q,\ \xi)]$ 最大化为决策目标时的最优采购问题，有如下结论：

定理 5.1 在延迟供货情形下，以期望效用最大化为目标的损失厌恶零售商的最优采购量 q_3^* 为：当 $c_s \leqslant c_s^1$ 时，$q_3^* = 0$；当 $c_s \geqslant c_s^1$ 时，q_3^* 满足式（5.2）：

$$(\lambda-1)(c-r)F\left[\frac{(c-r)q_3^*}{p-r}\right]+(p-r-w(p-c_s))F(q_3^*)=p-c-w(p-c_s) \quad (5.2)$$

证明：在延迟供货情形下，对于市场的需求量 ξ 和零售商的采购量 q，由零售商的利润函数 $P(q,\ \xi)$ 可得：

（1）当 $\xi \leqslant q$ 时，由零售商的利润函数可得：

$$P(q,\ \xi)=P_1(q,\ \xi)=(p-r)\xi-(c-r)q$$

则在该情形下，对于零售商来讲，存在唯一的盈亏平衡点 $\xi_1=\dfrac{(c-r)q}{p-r}$。当 $\xi \leqslant \xi_1$ 时，$P_1(q,\ \xi) \leqslant 0$，即零售商将会亏损；当 $\xi \geqslant \xi_1$ 时，$P_1(q,\ \xi) \geqslant 0$，即零售商将会盈利。所以根据零售商的损失厌恶效用函数可得该情形下其期望效用为：

$$E[U_1(q,\ \xi)]=\lambda\int_0^{\xi_1}P_1(q,\ t)dF(t)+\int_{\xi_1}^{q}P_1(q,\ t)dF(t)$$

（2）当 $\xi \geqslant q$ 时，由零售商的利润函数可得：

$$P(q,\ \xi)=P_2(q,\ \xi)=(p-c)q+w(p-c_s)(\xi-q)$$

则在该情形下，对于零售商来讲，不存在亏损的情形，即零售商将永远盈利。所以根据零售商的损失厌恶效用函数可得其期望效用为：

$$E[U_2(q,\ \xi)]=\int_q^{+\infty}P_2(q,\ t)dF(t)$$

则根据以上分析可以得出损失厌恶零售商的期望效用函数为：

$$E[U(q,\ \xi)]=E[U_1(q,\ \xi)]+E[U_2(q,\ \xi)]$$

$$=\lambda\int_0^{\frac{(c-r)q}{p-r}}[(p-r)t-(c-r)q]dF(t)+$$

$$\int_{\frac{(c-r)q}{p-r}}^{q}[(p-r)t-(c-r)q]dF(t)+$$

$$\int_{q}^{+\infty}[(p-c)q+w(p-c_s)(t-q)]dF(t) \tag{5.3}$$

则式（5.3）两边同时对 q 进行求导可得：

$$\frac{\partial E[U(q,\ \xi)]}{\partial q}=-(\lambda-1)(c-r)F\left(\frac{(c-r)q}{p-r}\right)-(p-r-w(p-c_s))F(q)+$$

$$(p-c-w(p-c_s))$$

因为损失厌恶零售商的期望效用 $E[U(q,\ \xi)]$ 关于 q 是凹函数，如果满足 $c_s \leqslant c_s^1$，则有：

$$\left.\frac{\partial E[U(q,\ \xi)]}{\partial q}\right|_{q=0}=(p-c-w(p-c_s))\leqslant 0$$

则由 $q\geqslant 0$ 可知损失厌恶零售商的期望效用 $E[U(q,\ \xi)]$ 在 $q=0$ 处取得最大值。否则，如果满足 $c_s \geqslant c_s^1$，则有：

$$\left.\frac{\partial E[U(q,\ \xi)]}{\partial q}\right|_{q=0}=(p-c-w(p-c_s))\geqslant 0$$

此时，损失厌恶零售商的期望效用 $E[U(q,\ \xi)]$ 在 $q>0$ 处取得最大值，且由一阶条件可知使得损失厌恶零售商的期望效用 $E[U(q,\ \xi)]$ 取最大值的最优采购量 q_3^* 满足：

$$(\lambda-1)(c-r)F\left(\frac{(c-r)q_3^*}{p-r}\right)+(p-r-w(p-c_s))F(q_3^*)=p-c-w(p-c_s)$$

证毕。

根据该结论，我们得到了损失厌恶零售商在延迟供货情形下以期望效用最大化为目标时的最优采购决策。同时，由定理 5.1 可得，当不考虑延迟供货时，即 $w=0$ 时，q_3^* 退化为不考虑延迟供货时损失厌恶零售商以期望效用最大化为目标时的最优采购量 q_3'，且 q_3'为：当 $c_s \leqslant c_s^1$ 时，$q_3'=0$；当 $c_s \geqslant c_s^1$

时，q_3'满足式（5.4）：

$$(\lambda-1)(c-r)F\left(\frac{(c-r)q_3'}{p-r}\right)+(p-r)F(q_3')=p-c \tag{5.4}$$

显然，满足 $q_3^* \leqslant q_3'$。即对于以期望效用最大化为目标的损失厌恶零售商而言，其考虑延迟供货时的最优采购量要小于其不考虑延迟供货时的最优采购量。

同时，如果令 $\lambda=1$，则由式（5.1）可得 $U(q, \xi)=P(q, \xi)$，即损失厌恶零售商的效用函数转化为其利润函数。此时，由定理 5.1 可得，q_3^* 将退化为第三章中讨论的风险中性零售商以期望利润最大化为目标时的最优采购量。

$$q_1^*=\begin{cases}0, & c_s \leqslant c_s^1 \\ F^{-1}\left(\dfrac{p-c-w(p-c_s)}{p-r-w(p-c_s)}\right), & c_s \geqslant c_s^1\end{cases}$$

显然，满足 $q_3^* \leqslant q_1^*$。即延迟供货情形下，损失厌恶零售商以期望效用最大化为目标时的最优采购量要小于其以期望利润最大化为目标时的最优采购量。实际上，由于本书不考虑缺货给零售商带来的损失，零售商的损失主要来自采购过量所造成的损失，所以对于零售商来说，其基于损失厌恶效用最大化的最优采购量要小于其基于期望利润最大化的最优采购量。

接下来，我们对损失厌恶零售商基于期望效用最大化的最优采购量 q_3^* 的相关性质及其关于相关决策因素（如商品的零售价和延迟供货率等）的变化情况进行分析和讨论。

（二）相关决策因素对零售商最优采购决策的影响

我们对上述延迟供货情形下使得损失厌恶零售商期望效用最大化的采购量 q_3^* 的性质进行分析，讨论当相关决策因素发生变化时该最优采购量相应的变化情况。

推论 5.1　在延迟供货情形下，以期望效用最大化为目标的损失厌恶零售商的最优采购量 q_3^* 关于商品的零售价 p 和回收价 r 分别是单调增加的，而关于商品的批发价 c 是单调减少的。

证明：由定理 5.1 可得，如果满足 $c_s \leqslant c_s^1$，则有 $q_3^*=0$。此时满足：

$$\frac{\partial q_3^*}{\partial p}=\frac{\partial q_3^*}{\partial c}=\frac{\partial q_3^*}{\partial r}=0$$

否则，如果满足 $c_s \geqslant c_s^1$，则 q_3^* 满足：

$$(\lambda-1)(c-r)F\left(\frac{(c-r)q_3^*}{p-r}\right)+(p-r-w(p-c_s))F(q_3^*)=p-c-w(p-c_s)$$

则根据隐函数定理可得：

$$\frac{\partial q_3^*}{\partial p}=\frac{(1-w)(1-F(q_3^*))+\dfrac{(\lambda-1)(c-r)^2}{(p-r)^2}f\left(\dfrac{(c-r)q_3^*}{p-r}\right)q_3^*}{\dfrac{(\lambda-1)(c-r)^2}{p-r}f\left(\dfrac{(c-r)q_3^*}{p-r}\right)+(p-r-w(p-c_s))f(q_3^*)}\geqslant 0$$

$$\frac{\partial q_3^*}{\partial c}=-\left[\frac{1+(\lambda-1)F\left(\dfrac{(c-r)q_3^*}{p-r}\right)+\dfrac{(\lambda-1)(c-r)}{(p-r)}f\left(\dfrac{(c-r)q_3^*}{p-r}\right)q_3^*}{\dfrac{(\lambda-1)(c-r)^2}{p-r}f\left(\dfrac{(c-r)q_3^*}{p-r}\right)+(p-r-w(p-c_s))f(q_3^*)}\right]\leqslant 0$$

$$\frac{\partial q_3^*}{\partial r}=\frac{F(q_3^*)+(\lambda-1)F\left(\dfrac{(c-r)q_3^*}{p-r}\right)+\dfrac{(\lambda-1)(p-c)(c-r)}{(p-r)^2}f\left(\dfrac{(c-r)q_3^*}{p-r}\right)q_3^*}{\dfrac{(\lambda-1)(c-r)^2}{p-r}f\left(\dfrac{(c-r)q_3^*}{p-r}\right)+(p-r-w(p-c_s))f(q_3^*)}\geqslant 0$$

综上所述，则有：

$$\frac{\partial q_3^*}{\partial p}\geqslant 0,\ \frac{\partial q_3^*}{\partial r}\geqslant 0,\ \frac{\partial q_3^*}{\partial c}\leqslant 0$$

即 q_3^* 关于商品的零售价 p 和回收价 r 分别是单调增加的，而关于商品的批发价 c 是单调减少的。证毕。

该结论表明：当商品的零售价 p 和处理价 r 增大时，损失厌恶零售商基于期望效用最大化的最优采购量随之增大；当商品的零售价和处理价减小时，损失厌恶零售商基于期望效用最大化的最优采购量也随之减小。反之，当商品的批发价 c 增大时，损失厌恶零售商基于期望效用最大化的最优采购量随之减少；当商品的批发价减小时，损失厌恶零售商基于期望效用最大化的最优采购量随之增大。

推论 5.2 在延迟供货情形下，以期望效用最大化为目标的损失厌恶零售商的最优采购量 q_3^* 关于商品的延迟供货价 c_s 是单调增加的。

证明：由定理 5.1 可得，如果满足 $c_s\leqslant c_s^1$，则有 $q_3^*=0$。此时满足：

$$\frac{\partial q_3^*}{\partial c_s}=0$$

否则，如果满足 $c_s\geqslant c_s^1$，则 q_3^* 满足：

$$(\lambda-1)(c-r)F\left(\frac{(c-r)q_3^*}{p-r}\right)+(p-r-w(p-c_s))F(q_3^*)=p-c-w(p-c_s)$$

则根据隐函数定理可得：

$$\frac{\partial q_3^*}{\partial c_s}=\frac{w(1-F(q_3^*))}{\dfrac{(\lambda-1)(c-r)^2}{p-r}f\left(\dfrac{(c-r)q_3^*}{p-r}\right)+(p-r-w(p-c_s))f(q_3^*)}\geqslant 0$$

综上所述，则有：

$$\frac{\partial q_3^*}{\partial c_s} \geqslant 0$$

即 q_3^* 关于商品的延迟供货价 c_s 是单调增加的。证毕。

该结论表明：当商品的延迟供货价 c_s 增大时，损失厌恶零售商基于期望效用最大化的最优采购量也随之增大；反之，当商品的延迟供货价减小时，损失厌恶零售商基于期望效用最大化的最优采购量随之减小。

推论 5.3 在延迟供货情形下，以期望效用最大化为目标的损失厌恶零售商的最优采购量 q_3^* 关于商品的延迟供货率 w 是单调减少的。

证明：由定理 5.1 可得，如果满足 $c_s \leqslant c_s^1$，则有 $q_3^* = 0$。此时满足：

$$\frac{\partial q_3^*}{\partial c_s} = 0$$

否则，如果满足 $c_s \geqslant c_s^1$，则 q_3^* 满足：

$$(\lambda - 1)(c - r)F\left(\frac{(c - r)q_3^*}{p - r}\right) + (p - r - w(p - c_s))F(q_3^*) = p - c - w(p - c_s)$$

则根据隐函数定理可得：

$$\frac{\partial q_3^*}{\partial w} = \frac{-(p - c_s)(1 - F(q_3^*))}{\dfrac{(\lambda - 1)(c - r)^2}{p - r} f\left(\dfrac{(c - r)q_3^*}{p - r}\right) + (p - r - w(p - c_s))f(q_3^*)} \leqslant 0$$

综上所述，则有：

$$\frac{\partial q_3^*}{\partial w} \leqslant 0$$

即 q_3^* 关于商品的延迟供货率 w 是单调减少的。证毕。

该结论表明：当商品的延迟供货率 w 增大时，损失厌恶零售商基于期望效用最大化的最优采购量随之减少；反之，当商品的延迟供货率 w 减小时，损失厌恶零售商基于期望效用最大化的最优采购量随之增大。

推论 5.4 在延迟供货情形下，以期望效用最大化为目标的损失厌恶零售商的最优采购量 q_3^* 关于零售商的损失厌恶系数 λ 是单调减少的。

证明：由定理 5.1 可得，如果满足 $c_s \leqslant c_s^1$，则有 $q_3^* = 0$。此时满足：

$$\frac{\partial q_3^*}{\partial c_s} = 0$$

否则，如果满足 $c_s \geqslant c_s^1$，则 q_3^* 满足：

$$(\lambda-1)(c-r)F\left(\frac{(c-r)q_3^*}{p-r}\right)+(p-r-w(p-c_s))F(q_3^*) = p-c-w(p-c_s)$$

则根据隐函数定理可得：

$$\frac{\partial q_3^*}{\partial \lambda} = \frac{-(c-r)F\left(\frac{(c-r)q_3^*}{p-r}\right)}{\frac{(\lambda-1)(c-r)^2}{p-r}f\left(\frac{(c-r)q_3^*}{p-r}\right)+(p-r-w(p-c_s))f(q_3^*)} \leqslant 0$$

综上所述，则有：

$$\frac{\partial q_3^*}{\partial \lambda} \leqslant 0$$

即 q_3^* 关于损失厌恶系数 λ 是单调减少的。证毕。

该结论表明：当零售商的损失厌恶系数 λ 增大时，即零售商对损失的厌恶程度增大时，其基于期望效用最大化的最优采购量随之减少；反之，当零售商的损失厌恶系数 λ 减小时，即零售商对损失的厌恶程度减少时，其基于期望效用最大化的最优采购量随之增大。显然，由于零售商的损失来自其采购过量的商品，所以如果零售商对损失的厌恶程度增加了，其应当减少其采购量。反之，如果零售商对损失的厌恶程度减少了，其应当增加采购量。

二、基于 CVaR 效用最大化的零售商的最优采购决策

我们在上一节讨论了延迟供货情形下，损失厌恶零售商以期望效用最大化为目标时的最优采购决策问题，得到了该情形下损失厌恶零售商的最优采购量并进行了相应的分析和讨论。然而，相关研究结果（Starmer，2000）表明人们在实际生活中的决策有时会违反上述期望效用最大化原则，Hershey 和 Schoemaker（1985）阐明了导致上述问题存在的一个重要原因是忽略了决策者在实际决策中希望对潜在风险进行控制的意愿。因此在接下来的研究中，我们研究延迟供货情形下以效用最大化为目标的损失厌恶零售商在采购决策中如何确定其采购量对潜在风险进行有效规避和控制的问题。同样，我们应用 CVaR 准则来度量损失厌恶零售商在采购过程中的风险控制问题。

对于延迟供货情形下，以效用最大化为目标的损失厌恶零售商而言，首先定义其关于利润 $U(q, \xi)$ 的 VaR 如下：

$$VaR[U(q, \xi)] = Sup[y \mid \Pr\{U(q, \xi) \geq y\} \geq \alpha]$$

该值表示了在给定的置信水平下，零售商所能获得的最大效用。以该效用作为零售商的目标效用，定义零售商的 CVaR 目标如下：

$$CVaR[U(q, \xi)] = E[U(q, \xi) \mid U(q, \xi) \leq VaR[U(q, \xi)]]$$

该 CVaR 目标给出了当零售商的效用小于目标值 $VaR[U(q, \xi)]$ 时的平均值，通过最大化上述 CVaR 目标，可以有效规避损失厌恶零售商的下行风险。则根据第一章第三节中的相关知识可知，使得决策者上述 CVaR 目标最

大化等价于求解下面的问题：

$$\max\left[v-\frac{1}{1-\alpha}E[v-U(q,\ \xi)]^{+}\right]$$

接下来，我们讨论使损失厌恶零售商的上述 CVaR 目标 $CVaR_{\alpha}[-U(q,\ \xi)]$ 最小化的最优采购决策问题。

（一）风险厌恶零售商的最优采购决策

本小节，我们研究以效用最大化为目标的损失厌恶零售商基于 CVaR 准则的最优采购决策问题，即讨论使得其 CVaR 目标最小化的最优采购决策。我们有如下结论：

定理 5.2 在延迟供货情形下，以效用最大化为目标的损失厌恶零售商基于 CVaR 准则的最优采购量 q_3^{α} 为：当 $c_s \leqslant c_s^1$ 时，$q_3^{\alpha}=0$；当 $c_s \geqslant c_s^1$ 时，q_3^{α} 满足如下式子：

$$(\lambda-1)(c-r)F\left[\frac{(c-r)q_3^*}{p-r}\right]+(p-r-w(p-c_s))F(q_3^*)=(1-\alpha)(p-c-w(p-c_s))$$

证明：首先，定义如下辅助函数：

$$g(q,\ v)=v-\frac{1}{1-\alpha}E[v-U(q,\ \xi)]^{+}$$

则由效用函数 $U(q,\ \xi)$ 的表达式可得：

$$\begin{aligned}g(q,\ v)=v-\frac{1}{1-\alpha}\int_0^{\frac{(c-r)q}{p-r}}[v-\lambda((p-r)t-(c-r)q)]^{+}dF(t)-\\\frac{1}{1-\alpha}\int_{\frac{(c-r)q}{p-r}}^{q}[v-(p-r)t+(c-r)q]^{+}dF(t)-\\\frac{1}{1-\alpha}\int_q^{+\infty}[v-(p-c)q-w(p-c_s)(t-q)]^{+}dF(t)\end{aligned}\tag{5.5}$$

由 Rockafellar 和 Uryasev（2000）中的结论可知 $g(q, v)$ 关于 q 和 v 为凹函数。则求解损失厌恶零售商基于 CVaR 准则的最优采购决策问题等价于求解如下问题的最优解：

$$\max_{q\geq 0}\left[\max_{v\in R} g(q, v)\right]$$

其次，我们求解上述最优化问题。首先对于给定的 q，我们来求解其子问题 $\max_{v\in R} g(q, v)$ 的最优解 v_3^*。分以下四种情形讨论：

情形 1：$v<\lambda(r-c)q$。在该情形下，由式（5.5）可得：$g(q, v)=v$，则有 $\frac{\partial g(q, v)}{\partial v}=1>0$，由函数 $g(q, \cdot)$ 的凹性可知其最优解不在该情形取得。

情形 2：$\lambda(r-c)q\leq v<0$。在该情形下，由式（5.5）可得：

$$g(q, v)=v-\frac{1}{1-\alpha}\int_0^{\frac{v+\lambda(c-r)q}{p-r}}\left[v-\lambda(p-r)t+\lambda(c-r)q\right]dF(t)$$

则有：

$$\frac{\partial g(q, v)}{\partial v}=1-\frac{1}{1-\alpha}F\left(\frac{v+\lambda(c-r)q}{\lambda(p-r)}\right)$$

因为 $\left.\frac{\partial g(q, v)}{\partial v}\right|_{v=\lambda(r-c)q}=1>0$，所以如果满足 $q\geq\frac{p-r}{c-r}F^{-1}(1-\alpha)$，则有：

$$\left.\frac{\partial g(q, v)}{\partial v}\right|_{v=0}=1-\frac{1}{1-\alpha}F\left(\frac{(c-r)q}{p-r}\right)\leq 0$$

则由 $\frac{\partial g(q, v)}{\partial v}$ 的连续性可知问题 $\max_{v\in R} g(q, v)$ 在 $[\lambda(r-c)q, 0)$ 上存在最优解 v_3^*，且由一阶条件可知 v_3^* 满足：

$$1-\frac{1}{1-\alpha}F\left(\frac{v_3^*+\lambda(c-r)q}{\lambda(p-r)}\right)=0$$

则当 $q\geq\frac{p-r}{c-r}F^{-1}(1-\alpha)$ 时，问题 $\max_{v\in R} g(q, v)$ 的最优解 v_3^* 为：

$$v_3^* = \lambda(p-r)F^{-1}(1-\alpha) - \lambda(c-r)q$$

情形 3：$0 \leqslant v < (p-c)q$。在该情形下，由式（5.5）可得：

$$g(q, v) = v - \frac{1}{1-\alpha}\int_0^{\frac{(c-r)q}{p-r}} [v - \lambda(p-r)t + \lambda(c-r)q]dF(t) - \frac{1}{1-\alpha}\int_{\frac{(c-r)q}{p-r}}^{\frac{v+(c-r)q}{p-r}} [v - (p-r)t + (c-r)q]dF(t)$$

则有：

$$\frac{\partial g(q, v)}{\partial v} = 1 - \frac{1}{1-\alpha}F\left(\frac{v+(c-r)q}{p-r}\right)$$

所以如果满足 $F^{-1}(1-\alpha) \leqslant q \leqslant \frac{p-r}{c-r}F^{-1}(1-\alpha)$，则有：

$$\left.\frac{\partial g(q, v)}{\partial v}\right|_{v=0} = 1 - \frac{1}{1-\alpha}\left[\frac{(c-r)q}{p-r}\right] \geqslant 0, \quad \left.\frac{\partial g(q, v)}{\partial v}\right|_{v=(p-c)q} = 1 - \frac{1}{1-\alpha}F(q) \leqslant 0$$

则由$\frac{\partial g(q, v)}{\partial v}$的连续性可知问题$\max\limits_{v \in R} g(q, v)$在$[0, (p-c)q)$上存在最优解 v_3^*，且由一阶条件可知 v_3^* 满足：

$$1 - \frac{1}{1-\alpha}F\left(\frac{v_3^* + (c-r)q}{(p-r)}\right) = 0$$

则当 $F^{-1}(1-\alpha) \leqslant q \leqslant \frac{p-r}{c-r}F^{-1}(1-\alpha)$ 时，问题$\max\limits_{v \in R} g(q, v)$的最优解 v_3^* 为：

$$v_3^* = (p-r)F^{-1}(1-\alpha) - (c-r)q$$

情形 4：$v \geqslant (p-c)q$。在该情形下，由式（5.5）可得：

$$g(q, v) = v - \frac{1}{1-\alpha}\int_0^{\frac{(c-r)q}{p-r}} [v - \lambda(p-r)t + \lambda(c-r)q]dF(t) - \frac{1}{1-\alpha}\int_{\frac{(c-r)q}{p-r}}^{q} [v - (p-r)t + (c-r)q]dF(t) - \frac{1}{1-\alpha}\int_q^{\frac{v-(p-c-w(p-c_s))q}{w(p-c_s)}} [v - (p-c-w(p-c_s))q - w(p-c_s)t]dF(t)$$

则有：

$$\frac{\partial g(q,\ v)}{\partial v}=1-\frac{1}{1-\alpha}F\left(\frac{v-(p-c-w(p-c_s))q}{w(p-c_s)}\right)$$

显然，因为 $\alpha\geqslant 0$，则 $\lim\limits_{v\to+\infty}\frac{\partial g(q,\ v)}{\partial v}<0$。所以当满足 $q\leqslant F^{-1}(1-\alpha)$ 时，下式成立：

$$\left.\frac{\partial h(q,\ v)}{\partial v}\right|_{v=(p-c)q}=1-\frac{1}{1-\alpha}F(q)\geqslant 0$$

则由 $\frac{\partial g(q,\ v)}{\partial v}$ 的连续性可知问题 $\max\limits_{v\in R}g(q,\ v)$ 在 $[(p-c)q,\ +\infty)$ 上存在最优解 v_3^*，且由一阶条件可知 v_3^* 满足：

$$1-\frac{1}{1-\alpha}F\left(\frac{v_3^*-(p-c-w(p-c_s))q}{w(p-c_s)}\right)=0$$

则当 $q\leqslant F^{-1}(1-\alpha)$ 时，问题 $\max\limits_{v\in R}g(q,\ v)$ 的最优解 v_3^* 为：

$$v_3^*=w(p-c_s)F^{-1}(1-\alpha)+(p-c-w(p-c_s))q$$

则根据以上分析可得问题 $\max\limits_{v\in R}g(q,\ v)$ 的最优解 v_3^* 为：

$$v_3^*=\begin{cases}\lambda(p-r)F^{-1}(1-\alpha)-\lambda(c-r)q, & q\geqslant\frac{p-r}{c-r}F^{-1}(1-\alpha)\\ (p-r)F^{-1}(1-\alpha)-(c-r)q, & \frac{p-r}{c-r}F^{-1}(1-\alpha)\geqslant q\geqslant F^{-1}(1-\alpha)\\ w(p-c_s)F^{-1}(1-\alpha)+(p-c-w(p-c_s))q, & q\leqslant F^{-1}(1-\alpha)\end{cases}\tag{5.6}$$

则求解问题 $\max\limits_{q\geqslant 0}[\max\limits_{v\in R}g(q,\ v)]$ 等价于求解问题 $\max\limits_{q\geqslant 0}g(q,\ v_3^*)$，根据 v_3^* 的表达式分以下三种情形讨论：

情形 1：$q\geqslant\frac{p-r}{c-r}F^{-1}(1-\alpha)$。在该情形下，由式（5.5）和式（5.6）可知

$g(q, v_3^*) = \lambda(p-r)F^{-1}(1-\alpha) - \lambda(c-r)q - \frac{1}{1-\alpha}\int_0^{F^{-1}(1-\alpha)}[\lambda(p-r)(F^{-1}(1-\alpha) - t)]\mathrm{d}F(t)$，则有：

$$\frac{\partial g(q, v_3^*)}{\partial q} = -\lambda(c-r) < 0$$

由于 $g(q, v_3^*)$ 关于 q 是凹函数，所以问题 $\max\limits_{q \geqslant 0} g(q, v_3^*)$ 在该情形下不会取得最优解。

情形 2：$F^{-1}(1-\alpha) \leqslant q \leqslant \frac{p-r}{c-r}F^{-1}(1-\alpha)$。在该情形下，由式（5.5）和式（5.6）可知：

$$g(q, v_3^*) = (p-r)F^{-1}(1-\alpha) - (c-r)q - \frac{1}{1-\alpha}\int_0^{\frac{(c-r)q}{p-r}}[(p-r)F^{-1}(1-\alpha) - \lambda(p-r)t + (\lambda-1)(c-r)q]dF(t) - \frac{1}{1-\alpha}\int_{\frac{(c-r)q}{p-r}}^{F^{-1}(1-\alpha)}[(p-r)(F^{-1}(1-\alpha) - t)]dF(t)$$

则有：

$$\frac{\partial h(q, v_3^*)}{\partial q} = -(c-r)\left[1 + \frac{\lambda-1}{1-\alpha}F\left(\frac{(c-r)q}{p-r}\right)\right] < 0$$

由于 $g(q, v_3^*)$ 关于 q 是凹函数，所以问题 $\max\limits_{q \geqslant 0} g(q, v_3^*)$ 在该情形下不会取得最优解。

情形 3：$q \leqslant F^{-1}(1-\alpha)$。该情形下，由式（5.5）和式（5.6）可知：

$$g(q, v_3^*) = (p-c-w(p-c_s))q + w(p-c_s)F^{-1}(1-\alpha) - \frac{1}{1-\alpha}\int_0^{\frac{(c-r)q}{p-r}}[((p-c-w(p-c_s)) + \lambda(c-r))q + w(p-c_s)F^{-1}(1-\alpha) - \lambda(p-r)t]\mathrm{d}F(t) -$$

$$\frac{1}{1-\alpha}\int_{\frac{(c-r)q}{p-r}}^{q}[(p-r-w(p-c_s))q+$$

$$w(p-c_s)F^{-1}(1-\alpha)-(p-r)t]dF(t)-$$

$$\frac{1}{1-\alpha}\int_{q}^{F^{-1}(1-\alpha)}w(p-c)(F^{-1}(1-\alpha)-t)dF(t)$$

则有：

$$\frac{\partial g(q,\ v_3^*)}{\partial q}=p-c-w(p-c_s)-$$

$$\frac{1}{1-\alpha}\left[(\lambda-1)(c-r)F\left(\frac{(c-r)q}{p-r}\right)+(p-c-w(p-c_s))F(q)\right]$$

如果满足 $c_s\leqslant c_s^1$，则有：

$$\left.\frac{\partial g(q,\ v_3^*)}{\partial q}\right|_{q=0}=p-c-w(p-c_s)\leqslant 0$$

由于 $g(q,\ v_3^*)$ 关于 q 是凹函数且满足 $q\geqslant 0$，则问题 $\max\limits_{q\geqslant 0}g(q,\ v_3^*)$ 在该情形的最优解为：

$$q_3^{\alpha}=0$$

如果满足 $c_s\geqslant c_s^1$，则有：

$$\left.\frac{\partial g(q,\ v_3^*)}{\partial q}\right|_{q=0}=p-c-w(p-c_s)\geqslant 0$$

由于 $g(q,\ v_3^*)$ 关于 q 是凹函数，则由一阶条件可知问题 $\max\limits_{q\geqslant 0}g(q,\ v^*)$ 在的最优解 q_3^{α} 满足：

$$(\lambda-1)(c-r)F\left[\frac{(c-r)q_3^{\alpha}}{p-r}\right]+(p-r-w(p-c_s))F(q_3^{\alpha})=(1-\alpha)(p-c-w(p-c_s))$$

证毕。

根据定理 5.2，我们得到了延迟供货情形下损失厌恶零售商基于 CVaR

效用最大化的最优采购量 q_3^α。显然，令 $\alpha=0$，则零售商基于 CVaR 效用最大化的最优采购量 q_3^α 就退化为其基于期望效用最大化的最优采购量 q_3^*。显然，满足 $q_3^\alpha \leqslant q_3^*$，即延迟供货情形下，损失厌恶零售商基于 CVaR 效用最大化的最优采购量要小于其基于期望效用最大化的最优采购量。

接下来，我们对损失厌恶零售商基于 CVaR 效用最大化的最优采购量 q_3^α 关于相关决策因素（如商品的零售价和延迟供货率等）的变化情况进行分析和讨论。

（二）相关决策因素对损失厌恶零售商最优采购决策的影响

我们对上述延迟供货情形下损失厌恶零售商基于 CVaR 效用最大化的最优采购量 q_3^α 的相关性质进行分析，讨论当相关决策因素发生变化时，该最优采购量的变化情况。

推论 5.5 在延迟供货情形下，损失厌恶零售商基于 CVaR 效用最大化的最优采购量 q_3^α 关于商品的零售价 p 和回收价 r 分别是单调增加的，而关于商品的批发价 c 是单调减少的。

该结论表明：当商品的零售价 p 和处理价 r 增大时，损失厌恶零售商基于 CVaR 效用最大化的最优采购量也随之增大；当商品的零售价和处理价减小时，风险厌恶零售商基于 CVaR 效用最大化的最优采购量也随之减小。反之，当商品的批发价 c 增大时，损失厌恶零售商基于 CVaR 效用最大化的最优采购量随之减少；当商品的批发价减少时，损失厌恶零售商基于 CVaR 效用最大化的最优采购量随之增大。

推论 5.6 在延迟供货情形下，损失厌恶零售商基于 CVaR 效用最大化的最优采购量 q_3^α 关于商品的延迟供货价 c_s 是单调增加的。

该结论表明：当商品的延迟供货价 c_s 增大时，损失厌恶零售商基于CVaR效用最大化的最优采购量也随之增大；反之，当商品的延迟供货价减小时，损失厌恶零售商基于CVaR效用最大化的最优采购量也随之减小。

推论 5.7　在延迟供货情形下，损失厌恶零售商基于CVaR效用最大化的最优采购量 q_3^α 关于商品的延迟供货率 w 是单调减少的。

该结论表明：当商品的延迟供货率 w 增大时，损失厌恶零售商基于CVaR效用最大化的最优采购量随之减少；反之，当商品的延迟供货率减小时，损失厌恶零售商基于CVaR效用最大化的最优采购量随之增大。

推论 5.8　在延迟供货情形下，损失厌恶零售商基于CVaR效用最大化的最优采购量 q_3^α 关于损失厌恶系数 λ 是单调减少的。

该结论表明：当零售商的损失厌恶系数 λ 增大时，即零售商对损失的厌恶程度增大时，其基于CVaR效用最大化的最优采购量随之减少；反之，当零售商的损失厌恶系数 λ 减小时，即零售商对损失的厌恶程度减小时，其基于CVaR效用最大化的最优采购量随之增大。

推论 5.9　在延迟供货情形下，损失厌恶零售商基于CVaR效用最大化的最优采购量 q_3^α 关于置信水平 α 是单调减少的。

证明：由定理 5.2 可得，如果满足 $c_s \leqslant c_s^1$，则有 $q_3^\alpha = 0$。此时满足：

$$\frac{\partial q_3^*}{\partial \alpha} = 0$$

否则，如果满足 $c_s \geqslant c_s^1$，则 q_3^α 满足：

$$(\lambda-1)(c-r)F\left(\frac{(c-r)q_3^\alpha}{p-r}\right)+(p-r-w(p-c_s))F(q_3^\alpha)=(1-\alpha)(p-c-w(p-c_s))$$

则根据隐函数定理可得：

$$\frac{\partial q_3^\alpha}{\partial \alpha}=\frac{-(p-c-w(p-c_s))}{\frac{(\lambda-1)(c-r)^2}{p-r}f\left(\frac{(c-r)q_3^\alpha}{p-r}\right)+(p-r-w(p-c_s))f(q_3^\alpha)}\leqslant 0$$

综上所述，则有：

$$\frac{\partial q_3^*}{\partial \alpha}\leqslant 0$$

即 q_3^α 关于置信水平 α 为单调减少的。证毕。

该结论表明：当损失厌恶零售商的置信水平 α 增大时，即对风险的厌恶水平增大时，其基于 CVaR 效用最大化的最优采购量随之减少；反之，当损失厌恶零售商的置信水平减小时，即对风险的厌恶水平减小时，其基于 CVaR 效用最大化的最优采购量随之增大。

（三）风险厌恶程度对损失厌恶零售商期望效用的影响

在上文中，我们分别研究了损失厌恶零售商基于期望效用最大化和 CVaR 效用最大化的最优采购决策问题。研究结果表明损失厌恶零售商基于 CVaR 效用最大化的最优采购量要小于其基于期望效用最大化的最优采购量。且随着置信水平的增加即损失厌恶零售商对风险厌恶程度的增加，其基于 CVaR 效用最大化的最优采购量越小。那么，在这种情形下，减少采购量对损失厌恶零售商的期望效用会带来什么影响？对此，我们有如下结论：

定理 5.3 在延迟供货情形下，损失厌恶零售商基于 CVaR 效用最大化的最优采购量 q_3^α 所对应的期望效用 $E[U(q_3^\alpha, \xi)]$ 关于零售商的置信水平 α 是单调减少的。

证明：由定理 5.1 的证明可得：

$$\frac{\partial E[U(q, \xi)]}{\partial q}=-(\lambda-1)(c-r)F\left(\frac{(c-r)q}{p-r}\right)-(p-r-w(p-c_s))F(q)+(p-c-w(p-c_s))$$

则有：

$$\frac{\partial E[U(q_3^\alpha, \xi)]}{\partial \alpha}=\left[-(\lambda-1)(c-r)F\left(\frac{(c-r)q_3^\alpha}{p-r}\right)-(p-r-w(p-c_s))F(q_3^\alpha)+(p-c-w(p-c_s))\right]\frac{\partial q_3^\alpha}{\partial \alpha} \tag{5.7}$$

根据定理 5.2，如果 $c_s \leqslant c_s^1$ 成立，则有 $q_3^\alpha=0$，根据式（5.7）可得：

$$\frac{\partial U[P(q_3^\alpha, \xi)]}{\partial \alpha}=0$$

否则，如果 $c_s \geqslant c_s^1$ 成立，则由 $q_3^\alpha \leqslant q_3^*$ 和 q_3^* 满足：

$$(p-c-w(p-c_s))-(\lambda-1)(c-r)F\left(\frac{(c-r)q_3^*}{p-r}\right)-(p-r-w(p-c_s))F(q_3^*)=0$$

可得：

$$(p-c-w(p-c_s))-(\lambda-1)(c-r)F\left(\frac{(c-r)q_3^\alpha}{p-r}\right)-(p-r-w(p-c_s))F(q_3^\alpha) \geqslant (p-c-w(p-c_s))-(\lambda-1)(c-r)F\left(\frac{(c-r)q_3^*}{p-r}\right)-(p-r-w(p-c_s))F(q_3^*)=0 \tag{5.8}$$

则由式（5.7）、式（5.8）和$\frac{\partial q_3^\alpha}{\partial \alpha} \leqslant 0$ 可得：

$$\frac{\partial E[U(q_3^\alpha, \xi)]}{\partial \alpha} \leqslant 0$$

即损失厌恶零售商基于 CVaR 效用最大化的最优采购量 q_3^α 所对应的期望

效用 $E[U(q_3^\alpha,\ \xi)]$ 关于零售商的置信水平 α 是单调减少的。证毕。

该结论说明损失厌恶零售商基于 CVaR 效用最大化的最优采购量对应的期望效用 $E[U(q_3^\alpha,\ \xi)]$ 将随着零售商的置信水平 α 的增加而减小。随着损失厌恶零售商的置信水平 α 的增加即零售商对风险厌恶程度的增大，零售商将给出较小的采购量，同时面临着较小的采购风险，但是这样的情况也意味着损失厌恶零售商将会得到较低的期望效用。即对于损失厌恶零售商而言，其风险最小化和效用最大化是相互矛盾的，如果损失厌恶零售商希望选择一个较小的采购量来减少其面临的潜在风险，则同时面临着较低的期望效用；反过来，如果损失厌恶零售商希望通过选择一个较大的采购量来得到较高的期望效用，则同时会面临较大的潜在风险。

三、案例分析

对于第三章给出的案例，我们分别计算当该超市销售经理为损失厌恶型决策者时其基于效用最大化的最优采购决策问题。

根据调研资料可知，对于所要采购的品牌面包，其批发价 c 为 5 元，零售价 p 为 7 元，处理价 r 为 1 元，紧急补货价格为批发价加上紧急加工费用，为 5.5 元，缺货情形下的需求的延迟供货率为 40%。假设超市销售经理的损失厌恶系数为 2。则我们分别计算当上述参数发生变化时，该超市销售经理基于期望效用最大化和 CVaR 效用最大化的最优采购决策。

基于 $c=5$、$r=1$、$c_s=5.5$、$w=0.4$、$\lambda=2$ 和 $\alpha=0.5$，分别计算在不同零售价 p 下该超市基于期望效用最大化和 CVaR 效用最大化的最优采购量 q_3^*

和 q_3^{α}，所得结果如图 5.1 所示。由图 5.1 可知，在延迟供货情形下，对于不同的零售价 p，该超市基于期望效用最大化的最优采购量 q_3^* 要大于其基于 CVaR 期望效用最大化的最优采购量 q_3^{α}。同时，两个最优采购量 q_3^* 和 q_3^{α} 均随着零售价 p 的增加而增大，且两者之差随着零售价 p 的增加而增大。

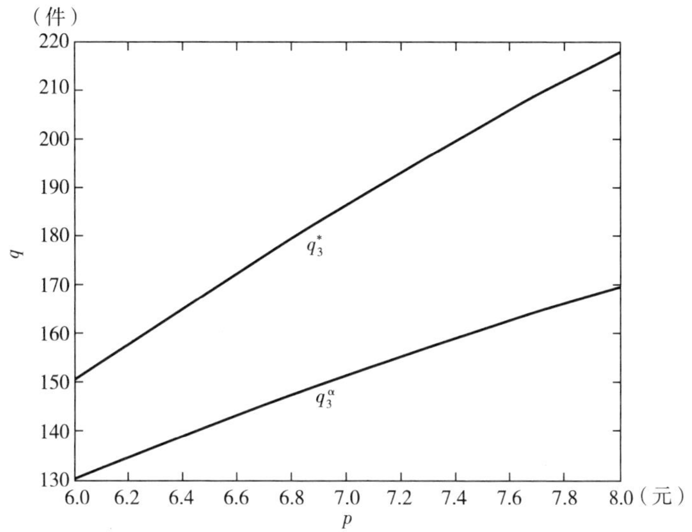

图 5.1　不同零售价 p 下该公司的最优采购量 q_3^* 和 q_3^{α}

基于 $p=7$、$r=1$、$c_s=5.5$、$w=0.4$、$\lambda=2$ 和 $\alpha=0.5$，分别计算在不同批发价 c 下该超市经理基于期望效用最大化和 CVaR 效用最大化的最优采购量 q_3^* 和 q_3^{α}，所得结果如图 5.2 所示。由图 5.2 可知，在延迟供货情形下，对于不同的批发价 c，该超市经理以期望效用最大化为目标时的最优采购量 q_3^* 要大于其以 CVaR 期望效用最大化为目标时的最优采购量 q_3^{α}。同时，两个最优采购量 q_3^* 和 q_3^{α} 均随着批发价 c 的增加而减小，且两者之差随着批发价 c 的增加而减小。

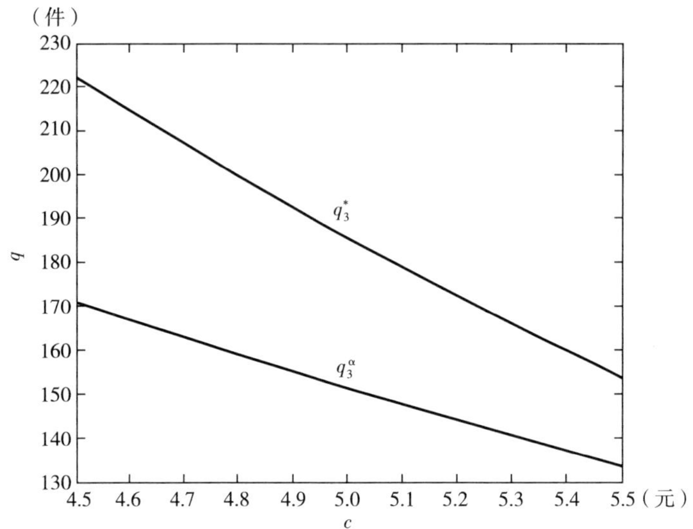

图 5.2　不同批发价 c 下该超市的最优采购量 q_3^* 和 q_3^α

基于 $p=7$、$c=5$、$c_s=5.5$、$w=0.4$、$\lambda=2$ 和 $\alpha=0.5$，分别计算在不同处理价 r 下该超市经理基于期望效用最大化和 CVaR 效用最大化的最优采购量 q_3^* 和 q_3^α，所得结果如图 5.3 所示。由图 5.3 可知，在延迟供货情形下，对于不同的处理价 r，该超市以期望效用最大化为目标时的最优采购量 q_3^* 要大于其以 CVaR 期望效用最大化为目标时的最优采购量 q_3^α。同时，两个最优采购量 q_3^* 和 q_3^α 均随着处理价 r 的增加而增大，且两者之差随着处理价 r 的增加而增大。

基于 $p=7$、$c=5$、$r=1$、$w=0.4$、$\lambda=2$ 和 $\alpha=0.5$，分别计算在不同延迟供货价 c_s 下该超市经理基于期望效用最大化和 CVaR 效用最大化的最优采购量 q_3^* 和 q_3^α，所得结果如图 5.4 所示。由图 5.4 可知，在延迟供货情形下，对于不同的延迟供货价 c_s，该超市以期望效用最大化为目标时的最优采购量 q_3^* 要大于其以 CVaR 期望效用最大化为目标时的最优采购量 q_3^α。同时，两

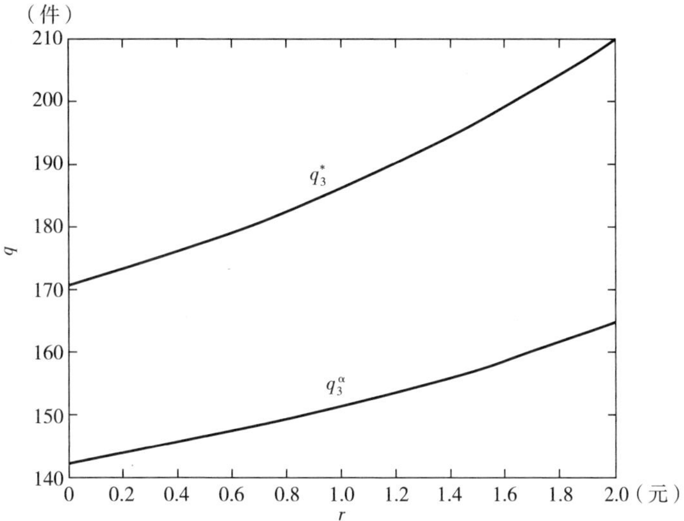

图 5.3　不同处理价 r 下该超市的最优采购量 q_3^* 和 q_3^α

个最优采购量 q_3^* 和 q_3^α 均随着延迟供货价 c_s 的增加而增大，且两者之差随着延迟供货价 c_s 的增加而增大。

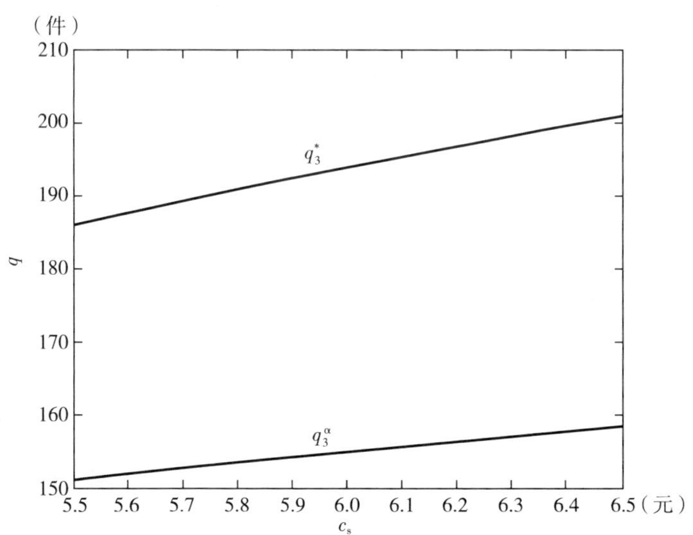

图 5.4　不同延迟供货价 c_s 下该超市的最优采购量 q_3^* 和 q_3^α

基于 $p=7$、$c=5$、$r=1$、$c_s=5.5$、$\lambda=2$ 和 $\alpha=0.5$，分别计算在不同延迟供货率 w 下该超市基于期望效用最大化和 CVaR 效用最大化的最优采购量 q_3^* 和 q_3^α，所得结果如图 5.5 所示。由图 5.5 可知，在延迟供货情形下，对于不同的延迟供货率 w，该超市以期望效用最大化为目标时的最优采购量 q_3^* 要大于其以 CVaR 期望效用最大化为目标时的最优采购量 q_3^α。同时，两个最优采购量 q_3^* 和 q_3^α 均随着延迟供货率 w 的增加而增大，且两者之差随着延迟供货率 w 的增加而减小。

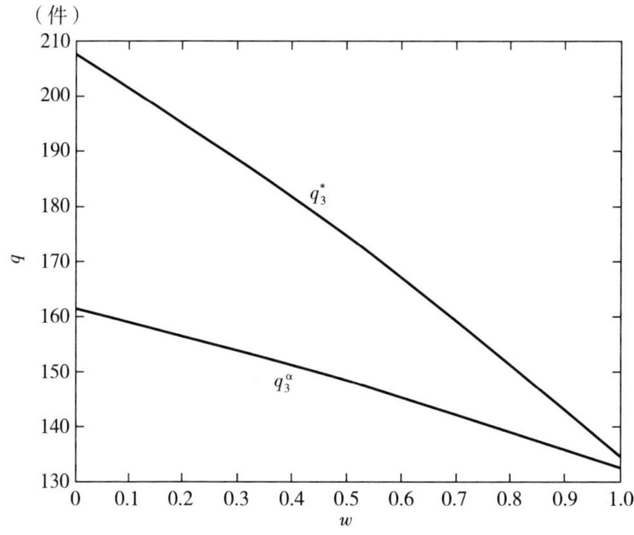

图 5.5　不同延迟供货率 w 下该超市的最优采购量 q_3^* 和 q_3^α

基于 $p=7$、$c=5$、$r=1$、$c_s=5.5$、$w=0.4$ 和 $\alpha=0.5$，分别计算在不同损失厌恶系数 λ 下该超市经理基于期望效用最大化和 CVaR 效用最大化的最优采购量 q_3^* 和 q_3^α，所得结果如图 5.6 所示。由图 5.6 可知，在延迟供货情形下，对于不同的损失厌恶系数 λ，该超市以期望效用最大化为目标时的最优

采购量 q_3^* 要大于其以 CVaR 期望效用最大化为目标时的最优采购量 q_3^α。同时，两个最优采购量 q_3^* 和 q_3^α 均随着损失厌恶系数 λ 的增加而增大，且两者之差随着损失厌恶系数 λ 的增加而减小。

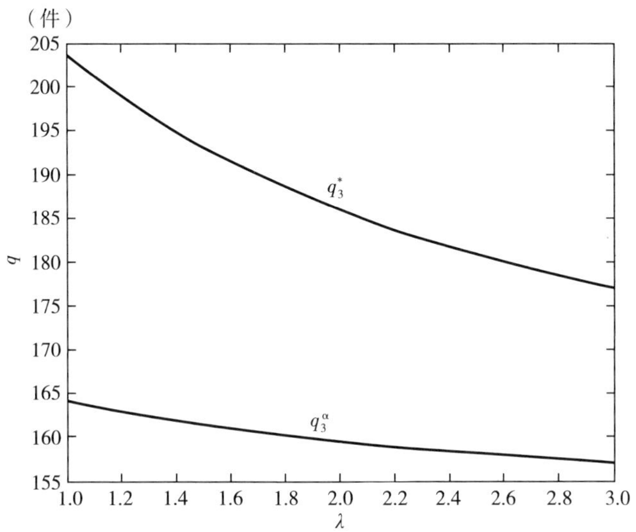

图 5.6　不同损失厌恶系数 λ 下该超市的最优采购量 q_3^* 和 q_3^α

基于 $p=7$、$c=5$、$r=1$、$c_s=5.5$、$w=0.4$ 和 $\lambda=2$，分别计算在不同置信水平 α 下该超市基于期望效用最大化和 CVaR 效用最大化的最优采购量 q_3^* 和 q_3^α，所得结果如图 5.7 所示。由图 5.7 可知，在延迟供货情形下，对于不同的置信水平 α，该超市以期望效用最大化为目标时的最优采购量 q_3^* 为一固定值且要大于其以 CVaR 期望效用最大化为目标时的最优采购量 q_3^α。同时，q_3^α 随着置信水平 α 的增加而减小，且 q_3^* 和 q_3^α 之差随着置信水平 α 的增加而增大。

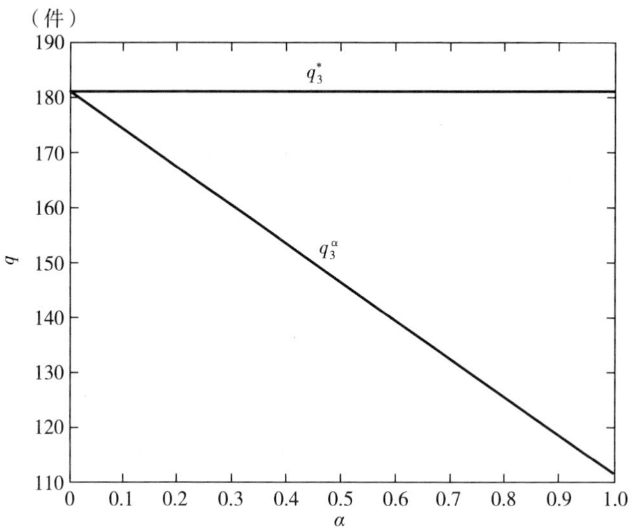

图 5.7　不同置信水平 α 下该超市的最优采购量 q_3^* 和 q_3^α

上述案例的数值结果验证了本章所得到的关于最优采购量 q_3^* 和 q_3^α 的若干结论，也对于超市的最优采购策略给予了相应的指导和建议。若超市经理是损失厌恶的，相对于其期望效用最大化而言，应当给出较小的采购量来规避相应的风险，但是较小的采购量也意味着较低的期望效用。当面包的零售价或者处理价变大时，意味着超市经理的采购不足损失和采购过量损失分别增大和减小，则超市应当增加其采购量以减少相应的效用损失。当面包的批发价变大时，意味着超市经理的采购不足损失和采购过量损失分别减小和增大，则超市经理应当减少其采购量以减少相应的效用损失。当延迟供货情形下面包的紧急加工价格上涨时，意味着超市经理为延迟供货而承担的成本增大，则超市经理应当增大其采购量以减少延迟供货及其带来的相应效用损失。当延迟供货率增加时，意味着超市经理在缺货情形下的采购不足损失变小，则超市应当减少其采购量以减少相应的效用损失。当超市经理对风险的厌恶程度增大时，其应当减少采购量以减少采购过量所带来的效用损失。

四、本章小结

本章分别研究了延迟供货情形下，损失厌恶零售商以期望效用最大化和CVaR效用最大化为目标的最优采购决策问题。分析了所得到的结果与现有结论之间的关系，讨论了上述两种情形下的最优采购量在相关决策因素（如商品的批发价、延迟供货率和零售商的损失厌恶系数等）发生变化时的变化情况。研究了损失厌恶零售商基于CVaR效用最大化的最优采购量所对应的期望效用与其风险厌恶程度之间的关系。最后，通过相关案例分析验证了所得到的结论。

根据与现有结果的比较分析可以看到，延迟供货情形下损失厌恶零售商基于期望效用最大化的最优采购量要小于损失厌恶零售商不考虑延迟供货情形下基于期望效用最大化的最优采购量。即延迟供货减少了采购不足所造成的损失，降低了采购不足所带来的风险，所以导致损失厌恶零售商在该情形下将会给出较低的采购量。

研究结果同时表明损失厌恶零售商基于期望效用最大化的最优采购量小于其基于CVaR效用最大化的最优采购量。实际上，在不考虑缺货惩罚的情形下，损失厌恶零售商的损失主要来自过量采购，从而损失厌恶零售商应当减少采购量来避免由采购过量所带来的风险。

研究结果给出了上述两个最优采购量在相关决策因素发生变化时的变化情况。例如，上述两个最优采购量均随着商品零售价的增大而增大，随着商品批发价的增大而减小等。特别地，研究结果表明损失厌恶零售商基于CVaR效用最大化的最优采购量关于零售商的置信水平是单调减少的，即损失厌恶零售商对风险的厌恶程度越大，其采购量越小。研究结果同时表明损失厌恶零售商基于CVaR效用最大化的最优采购量关于零售商的损失厌恶系数是单调减少的，即损失厌恶零售商对损失的厌恶程度越大，其采购量越小。

研究结果同时分析了损失厌恶零售商基于CVaR效用最大化的最优采购量对于其期望效用所产生的影响，证明了损失厌恶零售商基于CVaR效用最大化的最优采购量所对应的期望效用将随着零售商对风险厌恶程度的增大而减小。即对于损失厌恶零售商的最优采购决策而言，低风险意味着低的期望效用，而高的期望效用伴随高风险。

本书的研究结果对于现实生活中损失厌恶零售商在延迟供货情形下的最优采购决策提供了一定的管理建议。同时说明了对损失和风险的不同偏爱程度对于损失厌恶零售商的最优采购决策会产生一定的影响，从而为现实生活中具有不同损失和风险偏爱的损失厌恶零售商的最优采购决策及风险管理提供了一定的指导和建议。

第六章　研究结果与讨论

一、研究结论

本书对延迟供货情形下零售商的最优采购决策问题进行了研究，结合金融风险管理中的 CVaR 准则，分别研究了具有不同风险偏好的零售商在不同决策目标下的最优采购决策问题，分析了上述情形下零售商的最优采购量的相关性质及其与现有结论之间的关系。主要研究结论如下：

第一，对延迟供货情形下以利润最大化为目标的零售商的最优采购决策问题进行了分析和研究。本书分别给出了零售商以期望利润最大化和 CVaR 利润最大化为目标时的最优采购量公式，该公式可以直接应用于实际采购问题，避免去求解模型，给实际管理企业提供了极大的方便。研究结果表明零售商以期望利润最大化为目标时的最优采购量要大于零售商以 CVaR 利润最大化为目标时的最优采购量。本书分析了上述两种情形下零售商的最优采购量的相关性质，给出了上述两种最优采购量关于相关决策因素（如商品的批发价和延迟供货率等）的变化情况。上述分析可以帮助零售商了解各种决策因素的变化导致决策风险变化的趋势，有利于零售商正确把握最优采购量，以获得更大的利润。本书研究了零售商以 CVaR 利润最大化为目标的最优采购量关于零售商的风险厌恶程度的变化情况，研究结果表明随着零售商对风险厌恶程度的增加，其基于 CVaR 利润最大化的最优采购量应当随之减小。本书还讨论了零售商的基于 CVaR 利润最大化的最优采购量所对应的期望利润关于零售商的风险厌恶水平的变化情况，研究结果表明随着零售商对风险厌恶程度的增加，其基于 CVaR 利润最大化的最优采购量所对应的期望利润随之减小。研究表明，对于零售商的风险管理而言，低风险意味着低利润，而高利润伴随着高风险。因此在该情形下，通过给出相应的置信水平，零售商可以通过选择合适的最优采购量来协调风险控制和利润最大化两个目标之间矛盾。

第二，对延迟供货情形下以机会损失最小化为目标的零售商的最优采购决策问题进行了分析和研究。本书分别给出了零售商以期望机会损失最小化和以 CVaR 机会损失最小化为目标时的最优采购量，研究结果表明零售商以期望机会损失最小化为目标时的最优采购量可能大于也可能小于零售商以 CVaR 机会损失最小化为目标时的最优采购量。本书分析了上述两种情形下零售商的最优采购量的相关性质，给出了上述两种最优采购量关于相关决策因素（如商品的批发价和延迟供货率等）的变化情况。上述分析可以帮助零售商了解各种决策因素的变化导致决策风险变化的趋势，有利于零售商正确把握最优采购量，以避免遭受更大的机会损失。本书研究了零售商以 CVaR 机会损失最小化为目标时的最优采购量关于零售商的风险厌恶程度的变化情况，研究结果表明随着零售商对风险厌恶程度的增加，其基于 CVaR 机会损失最小化的最优采购量可能增大也可能减小。本书还讨论了零售商的基于

CVaR 机会损失最小化的最优采购量所对应的期望机会损失关于零售商风险厌恶程度的变化情况，研究结果表明随着零售商对风险厌恶程度的增加，其基于 CVaR 机会损失最小化的最优采购量所对应的期望机会损失随之增大。本书接着讨论了零售商在基于 CVaR 机会损失最小化的最优采购量所对应的期望利润关于零售商的风险厌恶程度的变化情况，研究结果表明随着零售商对风险厌恶程度的增加，其基于 CVaR 机会损失最小化的最优采购量所对应的期望利润随之减小。研究表明，对于零售商的风险管理而言，低风险意味着低利润和高机会损失，而高利润和低机会损失伴随着高风险。因此在该情形下，通过给出相应的置信水平，零售商可以通过选择合适的最优采购量来协调风险控制和机会损失最小化两个目标之间矛盾。

第三，对延迟供货情形下以效用最大化为目标的损失厌恶零售商的最优采购决策问题进行了分析和研究。本书分别给出了损失厌恶零售商以期望效用最大化和 CVaR 效用最大化为目标时的最优采购量，研究结果表明损失厌恶零售商以期望效用最大化为目标的最优采购量要大于其以 CVaR 效用最大化为目标的最优采购量。本书分析了上述两种最优采购量的相关性质，给出了上述两种最优采购量关于相关决策因素（如商品的批发价和延迟供货率等）的变化情况。上述分析可以帮助损失厌恶零售商了解各种决策因素的变化导致决策风险变化的趋势，有利于损失厌恶零售商正确把握最优采购量，以获得更大的效用。本书研究了损失厌恶零售商以 CVaR 效用最大化为目标的最优采购量关于损失厌恶零售商的风险厌恶程度的变化情况，研究结果表明随着损失厌恶零售商对风险厌恶程度的增加，其基于 CVaR 效用最大化的最优采购量随之减小。本书还讨论了损失厌恶零售商的基于 CVaR 效用最大化的最优采购量所对应的期望效用关于零售商的风险厌恶程度的变化情况，研究结果表明随着损失厌恶零售商对风险厌恶程度的增加，其基于 CVaR 效用最大化的最优采购量所对应的期望效用随之减小。研究表明，对于损失厌恶零售商的风险管理而言，低风险意味着低效用，而高效用伴随高风险。因此在该情形下，通过给出相应的置信水平，损失厌恶零售商可以通过选择合适的采购量来协调风险控制和效用最大化两个目标之间矛盾。

二、理论贡献与管理见解

本书对延迟供货情形下零售商的最优采购决策及风险管理问题的研究提供了一定的理论贡献，同时也为现实生活中零售商在延迟供货情形下的最优采购决策及风险管理提供了一定的管理见解。

（一）本书的理论贡献

本书对延迟供货情形下零售商的最优采购决策进行了研究，分析了该情形下具有不同决策目标的零售商基于 CVaR 准则的最优采购量，讨论了该最优采购量的相关性质及其与现有结果之间的关系。同时，研究了该最优采购量对零售商的期望目标所产生的影响。因此，本书的研究结果对零售商在延迟供货情形下的最优采购决策及风险管理问题提供了一定的理论指导。概括来说，本书的主要理论贡献包括以下几方面：

第一，对延迟供货情形下具有不同决策目标的零售商的最优采购决策问题进行了研究，给出了其基于 CVaR 准则的最优采购量，对零售商在该情形下的风险控制问题提供了一种方便的最优采购计算公式。

以往关于零售商在延迟供货情形下的研究主要集中在当零售商以利润最大化或成本最小化为目标时的最优采购决策问题的研究。然而随着市场竞争的日益激烈和商品多样化的发展，商品的市场需求往往会发生较大波动，现实生活中的延迟供货现象也变得越来越普遍。因此本书针对零售商在延迟供货情形下的风险控制问题给出了简便的最优采购量计算公式。结合金融风险管理中的 CVaR 准则对零售商在延迟供货情形下如何进行最优采购决策以减少潜在风险的问题进行了研究，获得了其最优采购公式和相关的决策影响因素之间的关系，对零售商在延迟供货情形下的库存管理和风险规避给出了定量的描述。

第二，对延迟供货情形下具有不同决策目标的零售商的最优采购量的相关性质进行了研究，分析了零售商的最优采购量随着其对风险厌恶程度改变的变化情况。

本书对所得出的零售商在延迟供货情形下的最优采购量的性质进行了研究，得到了上述最优采购量关于相关决策因素（如商品的零售价和延迟供货率等）的变化情况。特别地，本书分析了风险厌恶零售商的最优采购量关于其对风险厌恶程度的变化情况，证明了对于具有不同决策目标的零售商而言，其基于 CVaR 准则的最优采购量关于其置信水平（零售商对风险的厌恶程度）的变化情况是不一样的。比如，零售商基于 CVaR 利润最大化的最优采购量关于其置信水平是单调减少的，而零售商基于 CVaR 机会损失最小化的最优采购量关于其置信水平可能是单调减少的也可能是单调增加的。同时，本书分析了损失厌恶零售商的最优采购量关于其对损失厌恶程度的变化情况，证明了损失厌恶零售商的最优采购量随着其对损失厌恶程度的增大而减少。因此，本书的研究对零售商在延迟供货情形下基于风险厌恶和损失厌恶偏爱的最优采购决策提供了一定的理论基础。

第三，对延迟供货情形下具有不同决策目标的零售商基于 CVaR 准则的最优采购量所对应的期望利润（机会损失或效用）随着零售商对风险厌恶程度变化的情况进行了研究，证明了零售商的风险控制与利润（效用）最大化或损失最小化的目标之间的矛盾。

本书对延迟供货情形下零售商基于 CVaR 准则的最优采购量所对应的期望利润（机会损失或效用）进行了研究。证明了对于风险厌恶零售商而言，其基于 CVaR 利润最大化的采购量所对应的期望利润随着置信水平的增加而减小，而其基于 CVaR 机会损失最小化的采购量所对应的期望机会损失随着置信水平的增加而增大。该结论表明对于风险厌恶零售商来讲，其风险控制和利润最大化或损失最小化两个目标之间是矛盾的。如果风险厌恶零售商选择某一个采购量来减少其所面临的风险，则他将同时面临着较低的期望利润或者较高的期望机会损失。反过来，如果零售商选择某一个采购量来增大其期望利润或者减少其期望机会损失，则他将同时面临着较大的风险。因此，本书的研究结果对于风险厌恶零售商在延迟供货情形下的风险控制与利润最大化或机会损失最小化之间的协调问题提供了一定的理论基础。

（二）本书的管理见解

本书通过对延迟供货情形下具有不同决策目标零售商的最优采购决策问题的研究，分析了零售商在该情形下的最优采购决策及该最优采购决策对其期望目标的影响。根据本书的研究结果，对现实生活中零售商在延迟供货情形下的采购决策及风险管理给出如下管理建议：

第一，对于以利润最大化为目标的零售商而言，基于期望利润最大化的最优采购量要大于基于 CVaR 利润最大化的最优采购量。且基于 CVaR 利润最大化的最优采购量随着置信水平的增加而减少。因此，对于现实生活中以利润最大化为目标的零售商而言，如果想减少在采购决策中所面临的潜在风险，则应当给出较小的采购量，此时所面临的风险水平将会降低。采购量越小，所面临的风险水平越低，但同时也面临着越低的期望利润。因此，零售商应当根据自己的风险承担能力来选择合适的采购量来处理风险控制和利润最大化之间的协调问题。同时，当相关决策因素发生变化时，如当商品的零售价增大时，应当增加采购量，这有利于零售商获得较大的期望利润。而当商品的批发价增大时，应当减少采购量。

第二，对于以机会损失最小化为目标的零售商而言，基于期望机会损失最小化的最优采购量可能大于也可能小于基于 CVaR 机会损失最小化的最优采购量。且基于 CVaR 机会损失最小化的最优采购量随着置信水平的增加有可能增大也有可能减小，这取决于其采购过量机会损失和采购不足机会损失之间的大小关系。因此，对于现实生活中以机会损失最小化为目标的零售商而言，如果想减少在采购决策中所面临的潜在风险，应当根据采购过量机会损失和采购不足机会损失之间的大小关系来给出最优采购量。同时，对于以机会损失最小化为目标的零售商而言，如果给出相应的采购量来减少在采购决策中所面临的潜在风险，则将面临较大的机会损失和较小的期望利润。同样，零售商应当根据自己的风险承担能力来选择合适的采购量。同时，当相关决策因素发生变化时，如当商品的零售价增大时，应当增加采购量。而当商品的延迟供货率增大时，应当减少采购量。

第三，对于以效用最大化为目标的损失厌恶零售商而言，基于期望效用最大化的最优采购量要大于基于 CVaR 效用最大化的最优采购量。且基于 CVaR 效用最大化的最优采购量随着置信水平的增加而减少。因此，对于现实生活中的损失厌恶零售商而言，如果想减少在采购决策中所面临的潜在风险，则应当给出较小的采购量，此时所面临的风险水平将会降低。采购量越小，所面临的风险水平越低，但同时也面临着越低的期望效用。另外，损失厌恶零售商基于 CVaR 效用最大化的最优采购量随着零售商对损失厌恶水平的增加而减小。因此，对于现实生活中的损失厌恶零售商而言，如果对损失的厌恶程度增大，则应当给出较小的采购量，且损失厌恶程度越大，其采购量越小。因此，零售商应当根据自己的风险承担能力和对损失的厌恶程度来选择合适的采购量。

总之，由于现实生活中的零售商往往具有不同的风险或损失偏爱，应当根据自己的偏爱并结合现实情况的变化来选择自己在延迟供货情形下的最优采购量，以协调风险控制与利润最大化（损失最小化）之间的关系。

三、未来研究展望

本书对于零售商在延迟供货情形下的最优采购决策及风险控制问题进行了研究，取得了一些初步的结果。由于现实问题的复杂性，仍然有许多内容需要进行更加深入的研究。结合实际问题的需要，笔者将在未来针对该问题的以下内容进行研究：

第一，延迟供货率为随机变量时零售商的最优采购决策问题。在现实生活中，缺货情形下顾客是否接受延迟供货往往会受到多方面因素的影响，如等待时间的长短和零售商提供补偿的大小等。所以延迟交货率往往会受到上述因素的影响，可以看作与上述因素有关的随机变量。因此关于延迟供货率为随机变量时零售商的最优采购决策及风险控制问题有待于进一步地深入

研究。

第二，考虑缺货惩罚时零售商的最优采购决策问题。在本书的研究中，并没有考虑零售商的缺货成本，即对于零售商的缺货进行一定的惩罚。在现实生活中，缺货往往会给零售商的信誉带来负面的影响，对顾客的良好意愿造成一定的伤害，从而给零售商的长远利益带来一定损失。所以延迟供货情形下考虑缺货成本时零售商的最优采购决策及风险控制问题也有待于进一步深入研究。

第三，零售商为延迟供货提供各种补偿情形下其最优采购决策及补偿方案的选择问题。在现实生活中，零售商为了鼓励顾客接受延迟供货，往往会提供一定的补偿措施，如提供一定的价格折扣或者额外的售后服务等。所以该情形下零售商的最优采购决策及补偿方案的选择问题有待于进一步的研究。

参考文献

[1] Adam K. Minimizing maximal regret in the single machine sequencing problem with maximumlateness criterion [J]. Operations Research Letters, 2004, 33 (4): 431-435.

[2] Ananth V. I., Vinayak D., Wu Z. A postponement model for demand management [J]. Management Science, 2003, 49 (8): 983-1002.

[3] Anderson J B, Adiel T A. Modeling a multi-attribute utility newsvendor with partial backlogging [J]. European Journal of Operational Research, 2012, 220 (3): 820-830.

[4] Ben Da-ya M., Rauof A., Inventory models involving lead time as decision variables [J]. Journal of the Operational Research Society, 1994 (45): 579-582.

[5] Chen X., Sim M., Simichi-levi D, et al. Risk Aversion in Inventory Managementt [J]. Operations Research, 2007, 55 (5): 828-842.

[6] Chen Y, Gao F, Chao X. Joint optimal ordering and weather hedging decision: A newsvendor model [J]. Chinese University of Hongkong, Working

Paper, 2008.

[7] Chen Youhua, Xu Minghui, Zhang ZG. A risk-averse newsvendor model under the CVaR criterion [J]. Operations Research, 2009, 57 (4): 1040-1044.

[8] Cheng Lu, Wan Zhongping, Wang Guangmin. Bilevel newsvendor model considering retailer with CVaR objective [J]. Computers & Industrial Engineering, 2009, 57 (1): 310-318.

[9] Corsten, D. and Gruen, T. Stock-Outs Cause Walkouts [J]. Harvard Business Review, 2004, 82 (5): 26, 28.

[10] Eric T. A., Gavan J. F., Duancan S. Measuring and mitigating the costs of stockouts [J]. Management Science, 2006, 52 (11): 1751-1763.

[11] Federgruen A., Yang N. Infinite horizon strategies for replenishment systems with a general pool of suppliers [J]. Operations Research, 2014, 62 (1): 141-159.

[12] Gan X., Sethi S. P., Yan H. Channel coordination with a risk-neutral supplier and a downsiderisk-averse retailer [J]. Production and Operations Management, 2005, 14 (1): 80-89.

[13] Gotoh J, Seshadri S. Hedging inventory risk through market instruments [J]. Manufacturing & Service Operations Management, 2005, 7 (2): 103-120.

[14] Gotoh Jun-ya and Takano Yuichi. Newsvendor solutions via conditional value-at-risk minimization [J]. European Journal of Operational Research, 2007, 179 (1): 80-96.

[15] Gruen, T and Corsten, D. Rising to the challenge of out-of-stocks [J]. ECR Journal, 2002 (2): 45-58.

[16] Hassene A, Cristina B, Daniel V. Min-max and min-max regret versions of combinational optimization problems: A survey. European Journal of Operational Research, 2009, 197 (2): 427-438.

[17] Hershey J. C., Schoemaker P. J. H. Probability versus certainty equivalence methods in utility measurement: Are they equivalent? [J]. Management Science, 1985, 31 (10): 1213-1231.

[18] Hsieh Chung-Chi, Lu Yu-Ting. Manufacturer's return policy in a two-stage supply chain with two risk-averse retailers and random demand [J]. European Journal of Operational Research, 2010, 207: 514-523.

[19] Jammernegg W., Kischka P. Risk-averse and risk-taking newsvendors: A conditional expected value approach [J]. Review of Managerial Science, 2007, 1 (1): 93-110.

[20] Kahneman, D., Tversky A. Prospect theory: An analysis of decision under risk [J]. Econometrica, 1979, 47: 263-291.

[21] Lee Hwansik, Lodree Jr E. J. Modeling customer impatience in a newsboy problem with time-sensitive shortages [J]. European Journal of Operational Research, 2010, 205 (3): 595-603.

[22] Lee Wen-Chuan. Inventory model involving controllable backorder rate and variable lead time demand with the mixtures of distribution [J]. Applied Mathematics and Computation, 2005, 160 (3): 701-717.

[23] Li X, Shou B, Qin Z. An expected regret minimization portfolio selection model [J]. European Journal of Operational Research, 2012, 218 (2): 484-492.

[24] Lodree Jr E. J., Kim Y., Jang W. Time and quantity dependent wait-

ing costs in a newsvendor problem with backlogged shortages [J]. Mathematical and Computer Modelling, 2007, 47 (1): 60-71.

[25] Lodree Jr EJ. Advanced supply chain planning with mixtures of backorders, lost sales, and lost contract [J]. European Journal of Operational Research, 2006, 181 (1): 168-183.

[26] Montgomery D. C., Bazaraa M. S., Keswani A. K. Inventory models with a mixture of backorders and lost sales [J]. Naval Research Logistics, 1973, 20: 255-263.

[27] Ouyang L Y, Chuang B R. Mixture inventory model involving variable lead time and controllable backorder rate [J]. Computers & Industrial Engineering, 2001, 40 (4): 339-348.

[28] Ouyang L Y, Yeh N. C., Wu K. S. Mixture inventory model with backorders and lost sales for variable lead time [J]. Journal of the Operational Research Society, 1996, 47: 829-832.

[29] Padmanabhan G., Vrat P. Inventory model with a mixture of back orders and lost sales [J]. International Journal of Systems Science, 1990, 21: 1721-1726.

[30] Pan J. C., Lo M. C., Hsiao Y. C. Optimal reorder point inventory models with variable lead time and backorder discount considerations [J]. European Journal of Operational Research, 2004, 158: 488-505.

[31] Pando V., San L. A., Garcia-Laguna J., Sicilia J. A newsboy problem with an emergency order under a general backorder rate function [J]. Omega, 2013, 41 (6): 1020-1028.

[32] Pan J C, Hsiao YC. Inventory models with back-order discounts and

variable lead time [J]. International Journal of Systems Science, 2001, 32 (7): 925-929.

[33] Pan JC, Hsiao YC. Integrated inventory models with controllable lead time and backorder discount considerations [J]. International Journal of Production Economics, 2005 (93-94): 387-397.

[34] Papachristos, S., Skouri, K. Optimal replenishment policy for deteriorating items with time-varying demand and partial-exponential type-backlogging [J]. Operations Research Letters, 2000, 27 (4): 175-184.

[35] Papachristos S., Skouri K. An inventory model with deteriorating items, quantity discount, pricing, and time-dependent partial backlogging [J]. International Journal of Production Economics, 2003, 83 (3): 247-256.

[36] Park K. S. Inventory model with partial backorders [J]. International Journal of Systems Science, 1982 (13): 1313-1317.

[37] Rockafellar R. T., Uryasev S. Optimization of Conditional Value-at-Risk [J]. The Journal of Risk, 2000, 2 (3): 21-41.

[38] Rockafellar R. T., Uryasev S. Conditional value-at-risk for general loss distributions [J]. Journal of Banking & Finance, 2002, 26 (7): 1443-1471.

[39] San LA, Sicilia J, Garcia-Laguna J. An inventory system with partial according to a linear function [J]. Asia-Pacific Journal of Operational Research, 2005, 22 (2): 189-209.

[40] San L. A., Sicilia J., Garcia-Laguna J. Analysis of an inventory system with exponential partial backordering [J]. International Journal of Production Economics, 2006, 100 (1): 76-86.

[41] Starmer C. Developments in non-expected utility theory: The hunt for a descriptive theory of choice under risk [J]. Journal of Economic Literature, 2000, 38 (2): 332-382.

[42] Schweitzer M. E. , Cachon G. P. Decision bias in the newsvendor problem with a known demand distribution: Experimental evidence [J]. Management Science, 2000, 46 (3): 404-420.

[43] Tomlin B. , Wang Y. , On the value of mix flexibility and dual sourcing in unreliable newsvendor networks [J]. Manufacturing & Service Operations Management, 2005, 7 (1): 37-57.

[44] Vladimir G D, Gerhard J W. Pinpointing the complexity of the interval min-max regret knapsack problem [J]. Discrete Optimization, 2010, 7 (4): 191-196.

[45] Wang Charles X, Webster Scott. The loss-averse newsvendor problem [J]. Omega, 2009, 37 (1): 93-105.

[46] Weng Z K. Coordinating order quantities between the manufacturer and the buyer: A generalized newsvendor model [J]. European Journal of Operational Research, 2004, 156 (1): 148-161.

[47] Wu J. , Wang S Y, Chao X. Impact of risk attitude on optimal decisions in supply chain contract [J]. Beijing University of Posts and Telecommunications, Working Paper, 2006.

[48] Wu JW, Tsai HY. Mixture inventory model with back orders and lost sales for variable lead time demand with the mixtures of normal distribution [J]. International Journal of Systems Science, 2001, 32 (2): 259-268.

[49] Xu Minghui, Li Jianbin. Optimal decisions when balancing expected

profit and Conditional Value-at-Risk in newsvendor models [J]. Journal of Systems Science and Complexity, 2010, 23 (6): 1054-1070.

[50] Xu M. A price-setting Newsvendor model under CVaR decision criterion with emergency procurement [J]. Journal of Systems Science and Systems Engineering, 2010, 19 (1): 85-104.

[51] Xu Minghui, Li Jianbin. Comparative analysis of optimal strategies with two purchase models under different risk-averse criterion [J]. Wuhan University Journal of Natural Sciences, 2009, 14 (4): 287-292.

[52] Xu X , Meng Z , Shen R . A cooperation model based on CVaR measure for a two-stage supply chain [J]. International Journal of Systems Science, 2015, 46 (10): 1865-1873.

[53] Xu Xinsheng, Meng Zhiqing, Shen Rui. A tri-level programming model based on Conditional Value-at-Risk for three-stage supply chain management [J]. Computers & Industrial Engineering, 2013 (66): 470-475.

[54] Yang L. , Xu M. , Yu G. , Zhang H. Supply chain coordination with CVaR criterion [J]. Asia-Pacific Journal of Operational Research, 2009, 26 (1): 135-160.

[55] Zhang D L, Xu H F. Single and multi-period optimal inventory control model with risk-averse constraints [J]. European Journal of Operational Research, 2009, 199 (2): 420-434.

[56] Zhou Yanju, Chen Xiaohong, Wang Zong-run. Optimal ordering quantities for multi-products with stochastic demand: Return-CVaR model [J]. International Journal of Production Economics, 2008, 112 (2): 782-795.

[57] Zhou Yin, Li Donghui. Coordinating order quantity decisions in the

supply chain contract under random demand [J]. Applied Mathematical Modelling, 2007, 31 (6): 1029-1038.

[58] Zhou Yongwu, Wang Shengdong. Manufacturer-buyer coordination for newsvendor-type-products with two ordering opportunities and partial backorders [J]. European Journal of Operational Research, 2009, 198 (3): 958-974.

[59] Zhou Y W, Lau H S, Yang SL. A finite horizon lot-sizing problem with time-varying deterministic demand and waiting-time-dependent partial backlogging [J]. International Journal of Production Economics, 2004, 91 (2): 109-119.

[60] 安智宇，周晶. 考虑供应商违约风险的 CVaR 最优订货模型 [J]. 中国管理科学，2006，14 (45)：62-67.

[61] 陈晖，罗兵，张仁萍. 提前期、构建成本和短缺量滞后供给率均可控的 EOQ 模型 [J]. 系统工程，2007，25 (10)：82-87.

[62] 陈六新，赵乾坤，张伟. 时变拖后供给的易变质品生产库存模型 [J]. 物流管理，2008 (6)：36-39.

[63] 陈六新. 易腐品的库存控制研究 [D]. 西南交通大学博士学位论文，2010.

[64] 陈倩. 基于风险理论的报童与供应链协调模型研究 [D]. 中南大学硕士学位论文，2012.

[65] 程露，万仲平，侯阔林，蒋威. CVaR 准则下的双层报童问题模型研究 [J]. 运筹学学报，2008 (4)：83-92.

[66] 程珍. 基于贝叶斯需求预测更新与 CVaR 模型的供应链协调问题 [D]. 浙江工业大学硕士学位论文，2012.

[67] 方森宇，孟志青，蒋敏，夏欢. 产供销一体化供应链风险模型研

究［J］. 经济论坛，2009（23）：70-72.

［68］郭飞，孟志青，蒋敏 . CVaR 准则下两阶段供应链联合风险决策问题［J］. 管理工程学报，2013（2）：142-147.

［69］高文军，陈菊红 . 基于 CVaR 的闭环供应链优化与协调决策研究［J］. 控制与决策，2011，26（4）：489-500.

［70］高文军，陈菊红 . 基于 CVaR 的闭环供应链优化与协调模型研究［J］. 统计与决策，2010（11）：46-48.

［71］高文军，陈菊红 . 基于 CVaR 的第三方回收闭环供应链的优化与协调［J］. 工业技术经济，2012（7）：120-126.

［72］何荣福，兰德新，赵萌 . 随机需求下缺货延期补给的易变质产品的库存策略［J］. 武夷学院学报，2011，30（5）：4-7.

［73］胡昌峰，胡支军. CVaR 准则下随机需求依赖价格的供应链协调研究［J］. 经济研究导刊，2009（36）：103-105.

［74］胡幼华，潘荫荣 . 有限期延迟交货的随机性库存系统的仿真模型［J］. 计算机应用与软件，2004，21（7）：35-36.

［75］霍莎莎 . 零售商具有不同风险偏好的供应链协调契约研究［D］. 华中科技大学硕士学位论文，2013.

［76］蒋敏，孟志青，周根贵 . 供应链中多产品组合采购与库存问题的条件风险值模型［J］. 系统工程理论与实践，2007，27（12）：29-35.

［77］蒋敏 . 一种多损失条件风险值的双层规划模型及应用［J］. 系统工程理论与实践，2013，33（4）：926-933.

［78］靳维新 . 基于 CVaR 准则的回购策略双层风险决策问题研究［D］. 浙江工业大学硕士学位论文，2013.

［79］兰德新，赵萌 . 一类带可变库存费用和短缺量延期供给的库存模

型［J］. 重庆理工大学学报，2014，28（3）：127-130.

［80］李绩才，周永务，钟远光．基于 CVaR 准则的 Newsboy 型商品最优广告费用与广告策略［J］. 系统工程理论与实践，2012，32（4）：776-783.

［81］李绩才，周永务，肖旦，刘哲睿．CVaR 准则下季节性产品市场运作策略［J］. 工业工程，2012，15（5）：8-14.

［82］李剑锋，陈世平，黄祖庆，等．基于期权与集成商风险规避的物流服务供应链协调［J］. 计算机集成制造系统，2013，19（5）：1105-1114.

［83］廖成林，李晨．易逝品行业基于延迟交货策略的 EOQ 模型［J］. 工业工程，2008，11（5）：56-60.

［84］刘斌，崔文田．缺货损失高于补货成本的易逝品供应链协调［J］. 管理工程学报，2009，23（3）：150-152.

［85］柳键，罗春林．利润-CVaR 准则下的二级供应链定价与订货策略研究［J］. 控制与决策，2010，25（1）：130-136.

［86］刘鹏超，刘峰．基于 CVaR 的双渠道闭环供应链回收定价研究［J］. 商业文化，2014（3）：77.

［87］刘咏梅，孙玉华，范辰．基于条件风险值准则的战略顾客报童模型［J］. 计算机集成制造系统，2013，19（10）：2572-2581.

［88］刘玉霜．零售商竞争下基于 CVaR 与收益共享契约的供应链决策模型［J］. 青岛大学学报，2013，34（6）：647-652.

［89］刘玉霜．不确定性需求下供应链的最优决策与契约协调［D］. 青岛大学博士学位论文，2013.

［90］刘忠轶，陈丽华，翟昕．基于期权合约与风险规避型零售商的供应链协调［J］. 系统工程，2013，31（9）：63-67.

[91] 李宇雨．不同需求特性和滞后供给条件下的库存模型［D］．重庆大学硕士学位论文，2007.

[92] 李宇雨，罗兵，黄波．短缺量滞后供给与顾客等待时间相关的VMI模型［J］．工业工程，2007，10（6）：96-99.

[93] 罗春林，柳键，邱国斌．风险厌恶因子不确定时的二级供应链定价与订货策略［J］．控制与决策，2011，26（1）：141-144.

[94] 罗兵，潘新合，常旭华．价格增长和短缺量滞后供给的变质物品订货模型［J］．统计与决策，2011（18）：45-47.

[95] 马利军，李四杰，严厚民．具有风险厌恶零售商的供应链合作博弈分析［J］．运筹与管理，2010，19（2）：12-21.

[96] 苗蕴慧．基于条件风险价值的随机存储策略研究［D］．东北大学硕士学位论文，2009.

[97] 莫降涛，温宗良，徐春明，孟立华．拖后率随时间变化且资金折现的变质性产品库存模型［J］．广西科学，2008，15（1）：23-26.

[98] 莫降涛，徐春明，温宗良．存货影响销售率且短缺量部分拖后的EOQ模型［J］．广西大学学报，2007，32（4）：341-345.

[99] 皮星，孟卫东，黄波，江积海．短缺量拖后率与价格折扣相关变质品VMI模型［J］．工业工程与管理，2010，15（1）：21-25.

[100] 邱若臻，黄小原．基于条件风险值准则的供应链回购契约协调策略［J］．运筹与管理，2011，20（4）：10-16.

[101] 邱晗光．部分短缺量拖后下库存模型构建及控制策略优化研究［D］．重庆大学博士学位论文，2009.

[102] 施文娴．基于CVaR准则的收益共享契约模型研究——以通信运营商为例［D］．浙江工业大学硕士学位论文，2013.

[103] 邵良峰. 部分短缺量拖后的易变质物品双货栈库存模型 [J]. 合肥工业大学学报, 2008, 21 (3): 389-393.

[104] 沈厚才, 徐进, 庞湛. 损失规避偏好下的定制件采购决策分析 [J]. 管理科学学报, 2004, 7 (6): 37-45.

[105] 唐巧文, 杨志林. 需求依赖库存、延迟付款且部分拖后供给的库存模型 [J]. 合肥工业大学学报, 2014, 37 (3): 364-369.

[106] 王凤玲. 基于 CVaR 的水产品供应链风险组合优化控制 [D]. 华南理工大学硕士学位论文, 2012.

[107] 王晶晶. 基于存货影响销售和顾客等待行为的特价商品 EOQ 模型 [D]. 重庆大学硕士学位论文, 2012.

[108] 王宁. 基于 CVaR 的两阶段风险规避型供应链的协调研究 [D]. 暨南大学硕士学位论文, 2011.

[109] 王圣东. 折扣支付部分拖后供给量的易变质物品经济批量模型 [J]. 数学的实践与认识, 2007, 37 (11): 32-37.

[110] 王涛. 基于 CVaR 准则下的二层报童问题模型研究 [D]. 武汉理工大学硕士学位论文, 2008.

[111] 王友奎, 林勇. 基于提前期和价格折扣的延迟交货和库存策略研究 [J]. 物流技术, 2007, 26 (5): 45-48.

[112] 闻卉, 曹晓刚, 黎继子. 基于 CVaR 的供应链回购策略优化与协调研究 [J]. 系统工程学报, 2013, 28 (2): 211-217.

[113] 文平. 损失厌恶的报童——预期理论下的报童问题新解 [J]. 中国管理科学, 2005, 13 (6): 64-69.

[114] 夏欢. 基于 CVaR 模型的企业多产品耦合平衡问题研究 [D]. 浙江大学硕士学位论文, 2009.

［115］夏欢，孟志青，蒋敏，方森宇．一种多产品多目标风险决策模型［J］．浙江工业大学学报，2011，39（1）：81-85.

［116］肖辉．带条件风险约束多阶段最优库存模型的数值计算［D］．长沙理工大学硕士学位论文，2013.

［117］许明辉，于刚，张汉勤．带有缺货惩罚的报童模型中的 CVaR 研究［J］．系统工程理论与实践，2006（10）：1-8.

［118］许民利，李展．基于 CVaR 准则具有预算约束和损失约束的报童决策［J］．控制与决策，2013，28（11）：1614-1622.

［119］徐贤浩，蔡成元，沈古文．基于可控提前期和延迟供货的短生命周期产品库存模型［J］．中国管理科学，2010，18（2）：42-47.

［120］徐兵，贾艳丽，刘露．CVaR 准则下两制造商单零售商供应链决策模型与协调研究［J］．南昌大学学报，2013，35（3）：281-290.

［121］徐兵，贾艳丽．基于 CVaR 准则的闭环供应链决策模型与协调策略［J］．西南交通大学学报，2013，48（4）：715-723.

［122］杨桢．采购价上涨和延期支付的库存模型研究［D］．重庆大学硕士学位论文，2009.

［123］杨磊，王明征，李文立．两种带有能力约束的报童风险模型最优策略［J］．系统工程理论与实践，2008，28（4）：35-42.

［124］杨传平．基于条件风险价值的库存系统和供应链系统的随机比较［D］．北京工业大学硕士学位论文，2011.

［125］叶亮，宋国防，王建．基于风险偏好的零售商买入期权订购模型［J］．上海大学学报，2012，18（6）：656-660.

［126］于春云，赵希男，彭艳东，潘德惠．基于条件风险值理论的供应链优化与协调模型研究［J］．中国管理科学，2007，15（3）：31-39.

[127] 于春云，赵希男，关志民，彭艳东．风险规避型供应链优化与协调契约模型研究［J］．东北大学学报，2011，32（6）：908-912.

[128] 于春云，赵希男，关志民，彭艳东，潘德惠．具有风险偏爱特性的供应链优化与协调模型［J］．系统工程，2009，27（11）：69-76.

[129] 袁开福，高阳．考虑处置和延迟交货的混合系统库存决策［J］．技术经济与管理研究，2010（4）：3-7.

[130] 袁开福，高阳．考虑处置和延迟交货的制造与再制造批量决策［J］．物流技术，2011，30（4）：57-81.

[131] 张义刚，唐小我．资金约束和数量折扣下的零售商延迟支付订货策略［J］．统计与决策，2010（10）：48-50.

[132] 钟昌宝，魏晓平，聂茂林，姜殿玉．基于条件风险值的供应链分销网络多目标优化模型［J］．统计与决策，2009（23）：28-30.

[133] 钟昌宝．风险视角的供应链设计优化模型和相关问题评价研究［D］．中国矿业大学博士学位论文，2010.

[134] 周南洋．供应链的风险识别、评估研究［D］．中南大学博士学位论文，2010.

[135] 周树民，王涛．基于 CVaR 准则下二层报童问题模型及其解法［J］．江汉大学学报（自然科学版），2009，37（1）：12-15.

[136] 周艳菊，邱菀华，王宗润．基于 CVaR 约束的多产品订货风险决策模型［J］．中国管理科学，2006，14（45）：62-67.

[137] 周艳菊，邱菀华，王宗润．基于信息更新的多产品两阶段订货风险决策模型［J］．系统工程理论与实践，2008（1）：9-16.